A TRANSLATION TEXTBOOK

Madeleine Sergent   Kay Wilkins

UNIVERSITY
PRESS OF
AMERICA

LANHAM • NEW YORK • LONDON

Copyright © 1985 by

University Press of America,® Inc.

4720 Boston Way
Lanham, MD 20706

3 Henrietta Street
London WC2E 8LU England

Library of Congress Cataloging-in-Publication Data

Sergent, Madeleine.

A translation textbook.

English and French.
Bibliography: p.
1. French language—Translating into English.
2. French language—Text-books for foreign speakers-English.
3. English language—Translating into
French. I. Wilkins, Kay S. II. Title
PC2498.S47 1985   448'.02   85-17989
ISBN 0-8191-4959-4 (alk. paper)
ISBN 0-8191-4960-8 (pbk. : alk. paper)

6-3-88
WP

Acknowledgments

Permission to reprint copyright material is hereby gratefully acknowledged to:

L'Action Nationale for René Lévêque, "Le Projet Québecois", *L'Action Nationale* (1978), p. 343.

L'Avant-Scène du Cinéma for "Compte-rendu du Dernier Métro de François Truffaut", *L'Avant-Scène du Cinéma* No. 245 (15 octobre 1981), pp. 61–3.

Commerce for Roger Guir, "La Coopération Industrielle et Commerciale Franco-Québecoise", *Commerce* (octobre 1977), pp. 62–3.

Contact for Lars Sonesson, "La Hi-Fi en Voiture: Mythe ou Réalité?", *Contact* (juin-juillet 1979).

La Documentation Française for:

Notes et Etudes Documentaires Nos. 4537-8 (1979)—La Documentation Française.

Pierre Baillet cité dans *Notes et Etudes Documentaires* Nos. 4275-6 (1976)—La Documentation Française.

Notes et Etudes Documentaires Nos. 4260-1 (1976)—La Documentation Française.

Afrique Contemporaine No. 197 (1980)—La Documentation Française.

Christian Pattyn cité dans *Regards sur l'Actualité* No. 60 (1980)—La Documentation Française.

"Les Multinationales", *Les Cahiers Français* No. 190 (1979)—La Documentation Française.

Jacques Mistral cité dans *Les Cahiers Français* No. 192, "Redéploiement ou protectionnisme" (1979)—La Documentation Française.

"Conférence de Monsieur Raymond Barre", *Supplément à Problèmes Economiques* No. 1673 (1980)—La Documentation Française.

vi

L'Express for:

"Débat sur les surrégénérateurs en France", *L'Express* (27/9/80). "Les Ministres Communistes du Gouvernement Mitterrand", *L'Express* (14/8/81).

"La Neige au Soleil d'Eté", Pierrick Eberhard, *L'Express* (14/8/81).

"Peau Artificielle: le Toucher des Robots", Dominique Simonnet, *L'Express* (7/5/82).

"Le Prosommateur", *L'Express* (7/6/80).

Charles de Gaulle. *Mémoires de Guerre I: L'Appel. 1940–42.* Plon, 1954, pp. 1–2.

Hubert Lévy Lambert. *La Politique des Prix.* Seuil, 1977, pp. 60–1.

Le Progrès Technique for Georges Moralt, "Prix de la Vie Humaine", *Progrès Technique* No. 16 (1979) reproduced as "Que Vaut la Vie Humaine?", *Problèmes Economiques* No. 1773 (14 mai 1980), p. 7.

Ressources-Temps Réel for Christine Galus, "La Société au Risque de la Robotisation", *Informatique et Gestion* No. 125 (juin 1981).

American Association for the Advancement of Science. "Breeder Reactors in France", Zaleski, P. et al. Science vol. 208 (11 April 1980), p. 142. Reprinted with permission of P. Zaleski and the American Association for the Advancement of Science. Copyright 1980 A.A.A.S.

Business Week for "France: an export flood of low-cost terminals". Reprinted from the May 11, 1981 issue of *Business Week* by special permission. ©1981 by McGraw-Hill, Inc.

Stephen S. Cohen. *Modern Capitalist Planning: the French Model.* University of California Press, 1977, pp. 265–6.

The Economist (May 16–22 1981), p. 12.

J.R. Frears. *Political Parties and Elections in the French Republic.* St. Martin's Press, 1977, pp. 151–3, 260. ©1977 by J.R. Frears and reprinted by permission of St. Martin's Press Inc.

J.W. House. *France. An Applied Geography.* Methuen, 1978, pp. 26–7, 175–6.

Roger Kaplan, "France's New Right", *Commentary* (March 1980), pp. 49–50. Reprinted by permission; all rights reserved.

New Scientist, "France's fast train", vol. 89 (March 19 1981), p. 729.

Organization for Economic Development and Development for *Convention on Third Party Liability in the Field of Nuclear Energy* (1974), pp. 41–3; and for *France. O.E.C.D. Economic Survey* (1980), pp. 5, 51.

D. Pickles. *The Government and Politics of France. II.* Methuen, 1973, pp. 342–3.

James M. Rubenstein. *The French New Towns.* Johns Hopkins University Press, 1978, pp. 38–9.

Daniele Stewart, "The Women's Movement in France", *Signs* (Winter 1980), pp. 352–3.

Trans World Airlines Inc. for extract from T.W.A. Flight Center Brochure for John F. Kennedy Airport.

We thank the French Government Information Services and the Services Culturels of New York, in particular Madame Geneviève Hureau, for their courtesy and cooperation.

CONTENTS

SECTION III—ADMINISTRATION

SECTION IV—SOCIAL SCIENCES

French Texts (to be translated into English)

English Texts (to be translated into French)

SECTION V—ECONOMICS

French Texts (to be translated into English)

English Texts (to be translated into French)

SECTION VI—SCIENCE AND TECHNOLOGY

French Texts (to be translated into English)

English Texts (to be translated into French)

Introduction

Learning a language by means of translation exercises is a time-honored method. With the advent of audio-visual means of instruction, translation as a pedagogical method became unpopular, but, fortunately, its strengths for students who already have a strong background in the foreign language are again recognized. Translation may be considered either an art or a science. There is no doubt that recent technological advances in computer-assisted translation will be extraordinarily useful in scientific and technical areas with circumscribed vocabulary data bases. Personal dictionary development on the computer will speed up the individual translator's work and the use of the word processor will also expedite translation completion. On the other hand, the role of the human being with an individual sensitivity to language and to the nuances of a text, particularly a literary text, seems irreplaceable. A dictionary bank of the computer can present choices, but the individual must find the most suitable translation available to fit the spirit of the text.

Students with native fluency in their own tongue and a sound knowledge of the basics of a foreign language can increase their abilities in the foreign language by working on translations from one language to another. Dealing with materials coming from a wide variety of subject matter areas develops a sensitivity to styles and an awareness of different stylistic registers in the two languages. In fact, this approach encourages students to read more widely in their own native language to acquire an understanding of its subtleties. The translation approach also expands vocabulary in the foreign language in a systematic way as words appear in a context. The structured learning pattern and growing familiarity with different writing styles help the student develop a fluent personal style in the target language and hopefully an improved writing style in the native language. Translation work can in this way lead the student towards successful free composition. Grappling with a wide variety of texts encourages student initiative and problem solving and forces the student to really "work" the language. Constant practice with increasingly more challenging texts develops speed in translation and also a growth in sensitivity to another culture which comes from greater familiarity with the language.

   The texts which follow encompass a wide range of subject matters suited to the abilities of the advanced sophomore or junior French major. It is our belief that the skills and knowledge acquired of translation theory and practice from working with non-literary texts will best prepare students at this level to recognize and deal with major differences between French and English which they can later apply to literary texts which offer a wide range of individual, idiosyncratic styles not apparent in non-literary texts. We offer in this text six sections, each with five translations from French to English, and five from English to French. Texts are arranged in order of difficulty and have also been chosen with an eye to their cultural content, as indeed one of the great strengths of translation work is the opportunity to penetrate the foreign culture linguistically.

   The first section—Journalism—encompasses a wide variety of texts, and is particularly interesting linguistically as it offers examples of formal and informal reporting styles characteristic of the significantly greater formality of language of elite French journalism, and also presents some difference between British English and American English in extracts from *The Guardian* (Britain) and the *New York Times*. The second section—Politics—not only illustrates the evolution of French politics from de Gaulle and Gaullism through the ascendancy of Giscard d'Estaing to the emergence of Mitterrand and his Socialist Party alliance with the Communists, with texts on the political union of Europe and the French Canadian situation, but also presents stylistic registers of very different types. The student has examples of neutral, objective writing, intermingled with examples of personal style and political polemic, e.g., extracts from de Gaulle's memoirs, from the manifesto of the Républicains Indépendants, from speeches by Trudeau and Lévêque. The third section—Administration—offers a selection from French and American government or official documents which bring out the unique characteristics of administrative language and its highly specialized nature. These texts also through language reflect differences in mentality and approach between the two countries. The French preoccupation with regulation and order, whether circumvented or not by the 'système D' is clear in texts such as *Conditions Sanitaires*. The fourth section—Social Sciences—deals with diverse social issues in contemporary France, and is representative of what may well be a "universal" style, that of the third-person objective reporting of the social scientist. Linguistically, the student confronts the problem of translation of terms spawned by the American social sciences (see *infra*-theory section). The fifth section—Economics—traces French economic evolution from 1968 to the present and includes valuable materials on contemporary supply-side economics. In both French and English the student acquires a vocabulary of considerable importance in today's multinational world and discovers that the most significant difficulties in translating in this area are vocabulary-based, not structural. The final section—Science and Technology—features extracts describing unique French scientific accomplishments in today's world. As in the preceding section, the student will discover the necessity of familiarizing herself/himself with the basic principles of many of the inventions described in the extracts. The specialized vocabulary presents many difficulties, and the student learns empirically that the practising translator has to be encyclopaedic in knowledge.

TRANSLATION: THEORY AND TECHNIQUE

By empirical exploration, the student will discover much of the genius of the two languages. It is the belief of the authors of this textbook that true understanding of the differences between the languages can only arise through practical application rather than theoretical study. It may, however, be helpful to the student to make some general remarks about the nature of translation and the types of difficulties likely to be encountered. A major source of comparative stylistics is Vinay and Darbelnet's *Stylistique Comparée du Français et de l'Anglais* (1971) which brilliantly analyses features of the two language systems, arguing that French is essentially a more abstract language, while English is concrete, abounding in a dynamic vocabulary (see *infra*.). They argue also that, as a function of these features, French is dominated by the noun whereas English, more active, is dominated by the verb. They illustrate these points with many examples, some of which we shall apply to the texts in this book. There is no doubt that a text such as *L'Année du Patrimoine* (pp. 68–9) abounds in the abstract vocabulary characteristic of French, and its translation into English will be considerably more concrete. Vinay and Darbelnet also point to the preference of English for the passive voice, when French will use a reflexive verb or organize the idea actively. This feature of the French language, while historically true, appears to be receding in favor of an increased use of the passive voice, due most likely to the extraordinary influence of the English language today. It is not only in vocabulary but also in structure that English is leaving its mark on many foreign languages. Vinay and Darbelnet also comment on the richness of the variety of past tenses in French, which poses an inevitable problem for the English speaker who often finds differentiating between a 'passé composé' and an 'imparfait' a major stumbling block. The use of the familiar 'tu' and formal 'vous' forms are, of course, further refinements of French which have to be compensated for as well as possible in a translation.

METHOD

We recommend first and foremost that the student read the text in its entirety to grasp its content and meaning and then, formally or informally, organize it into sense units, the 'unités de traduction' as Vinay and Darbelnet call them. It is our experience that diagrammatic plotting of the translation is generally of little use, and it is rather common sense that should apply. The student must recognize as one unit an expression such as 'tout de suite,' 'faits divers', 'ordre du jour', 'compte-rendu', or 'labor force' and avoid the pitfalls of a mistranslation. Awareness of the problem should increase ability to cope with it, and practice in dictionary usage helps further. At this point, we should stress the absolute necessity for students to be familiar with dictionaries, both general and specialized. We append a list of recommended dictionaries and strongly urge that students become familiar with as many as possible. They should learn verification of meaning by usage of a French/French dictionary, consultation of several sources, the use of encyclopaedias both English and French, the use of synonym dictionaries and thesauri, and the consultation of technical and applied dictionaries. Students will soon learn that sometimes it takes more words to express an idea in one language than in another, and that quite frequently cultural differences between the countries effectively prevent certain ideas or terms from being translated (see *infra*.). This may be dealt with in several ways—either by finding cultural equivalencies or by the use of footnote explanations. It will soon become apparent also that there are inevitable gains or losses depending on the possibilities of the language. One example given by Vinay and Darbelnet is that English offers the ability to say 'on the way down/up/across etc. to Brussels', while French offers only 'en allant à Bruxelles'. On p. 33 we may note 'turning out in large numbers' which may be translated as 'venir en foule'. The particular features of each language gradually become clearer to the student.

We offer discussion of the following points as guides in the translation process. Experience has shown that students make certain common errors. By highlighting problem areas which represent basic differences between French and English, we offer guidance to the novice translator.

Faux-Amis

We offer a word of caution against assuming that words are cognates because they look the same in both languages. Some examples from this text to be especially aware of are:

la comédie (p. 31)—fiction or the imaginary, *not* comedy
aspiration (p. 44)—grasp, *not* aspiration
affaires (p. 67)—business, *not* affairs
actif (p. 68)—working, *not* active
global (p. 99)—overall, *not* global

Students should consider the context in which the word is used very carefully and verify in the dictionary any word of which they are unsure.

Specialized Vocabulary

Areas of a specialized nature offer a real challenge to the translator, especially as some terms are so contemporary as not to appear in a dictionary. In this text, we can identify certain areas of this type. The vocabulary dealing with snow in extract 2, for example, can best be translated by consulting a ski enthusiast in the U.S. Terms from the administrative section such as 'hereby' (p. 61) can be dealt with by judicious dictionary use and reading of administrative and government documents in both languages to find acceptable equivalents. The same is true of the specialized economic and financial vocabulary of section 5.

Contemporary and Colloquial Terms

These represent a real problem for the student in that dictionaries of slang and colloquialisms are not sufficiently up-to-date. Words such as 'défoncer' (p. 27)—to burn oneself out, drawn from the drug culture—may require access to a native informant and even a phrase such as 'accroche sec' (p. 96) may confuse. Modern terms pioneered in the U.S., and particularly by the social sciences, such as 'area studies' (p. 62), 'sexual harassment' (p. 77), 'gang-rape' (p. 77) are unlikely to appear in a dictionary accessible to students. Reading of current magazines and newspapers is the best way to discover usage in these cases. Franglais has a strong influence and the TWA text on p. 64 abounds in terms such as 'complex', now current in French as 'complexe'. Acceptable equivalents must be found for idioms which, however, appear infrequently in these texts. Examples such as 's'opérer dans l'huile' (p. 29) and 'a clean sweep' (p. 36) give students an opportunity to play with different solutions.

6

Cultural Allusions

The realm of translation presents students with dilemmas regarding material of a nature unique to one country. How does one find an acceptable equivalent for 'maître des requêtes' (p. 41), 'ballot-box' (p. 50), 'allocation de salaire unique' (p. 71), the 'House Joint Resolution' (p. 63), and the F.D.A. (p. 104)? Where 'urne' may suffice for ballot-box, the other terms must be explained in a footnote or, perhaps in the last case, an equivalent term drawing on the 'Sénat' and the 'Assemblée' may be found. Is it necessary to have a note explaining what Matignon is? Can we translate 'Pieds-Noirs' (p. 67) or is it best left in French with a note? What is the true equivalent of the 'doctorat de troisième cycle' (p. 55)? Is a 'smicard' the equivalent of a lower-paid worker (p. 48)? We should find the correct names of French ministries (p. 74). How do we deal with 'talons compensés' and 'coques' (p. 31)? Were the fashions unique to France or common to the U.S. and the rest of Europe? In wrestling with these problems, the student learns a great deal about difference and sees the complexity of the translation process.

Aside from vocabulary-based difficulties, translation offers structural and syntactical problems of great diversity. Chief among these are the following:

Transposition

It should be readily apparent to anyone with even a minimal knowledge of a foreign language that translation cannot be done literally, except on rare occasions. Languages use different verbal categories to express ideas and great care must be taken to avoid grammatical errors and unnatural structures. Vinay and Darbelnet treat the subject most fully. The predominance of the noun in French would indicate its usage where possible to avoid cumbersome constructions in, for example, 'after Algeria was separated' (p. 35)—'après la séparation de l'Algérie', and the listing of 'reducing, developing, strengthening', etc. (p. 92)—'la réduction, le développement, le renforcement'. The student should consider adverbs closely and look for imaginative translations of, for example, 'physiquement' (p. 46), 'nationally' (p. 62), and in the case of 'sans bruit' (p. 28), consider the possibility of the converse 'quietly', the opposite often being an excellent choice. Students should be sensitive to the more frequent use of the subjunctive in French and look for cases such as 'for the Socialist government to be' (p. 35) to use it. Present participles in English offer special difficulties and are rarely translated by an equivalent participle in French. An interesting example—'sent inflation and unemployment soaring' (p. 50)—can be translated by the verb 'aggraver', indicating, on the one hand, transposition of categories, and, on the other, the more abstract character of the French language. Often an English present participle will be translated by a French past participle, e.g., 'sinking into an alcoholic stupor' as 'assujetti aux ravages de l'alcool'. Occasionally, one language will possess a noun which does not exist in the other, or has different nuances of meaning. The use of the noun 'ownership' in *Family Budgets in France* (pp. 74–5) will often have to be translated by a different form, for example, a verbal phrase—'ownership levels' as 'le pourcentage de ceux qui possèdent'.

It seems that problems of transposition are the most serious confronting the translator of the non-literary text. We strongly recommend intensive grammar review, particularly of a comparative nature, as the best way to reinforce contrasting structures.

Prepositions

Another area of great difficulty in translation is that of prepositions and prepositional phrases. In this case, it is French which seems to offer the widest variety of choice and English which is more impoverished. The English 'for', for example, is most often used, but the French offers 'pour', 'en faveur de', 'à la faveur de' (p. 68), 'au profit de' (p. 25). We suggest close examination of the following cases—'auprès de' (p. 29), 'against' (p. 47), 'on' (p. 47), 'devant' (p. 53), 'in contribution to' (p. 75), 'aside' (p. 76), 'over and above' (p. 91). Use of the many detailed examples from Vinay and Darbelnet will be helpful. One additional advantage of the translation course is that the student will greatly expand her/his vocabulary of prepositional phrases in the foreign language.

Abstract Versus Concrete Language

To illustrate our earlier remark that French is a more abstract language, we offer the following examples from the text:

wished away—se volatiliser comme par enchantement (p. 49)
sans producteur—stagnant (p. 70)
jumped—augmenter (p. 76)
grass-roots—d'origine populaire (p. 76)
to thrash out—débattre (p. 77)
opened its pages—inviter (p. 78)

steely-eyed—inflexible, intransigeant (p. 88)
deep-seated—profond (p. 90)
firing-up—se préparer (p. 102)

These difficulties, arising from an imaginative and creative use of language, are characteristic of much literary writing.

Use of Tenses

Vinay and Darbelnet deal comprehensively with the many nuances of verb usage in French and English. We note in passing the wide range of possible translations for the present tense in English, and the frequent use in French of the 'historic' present to bring vividness and immediacy to the relation of past events, the use of which would very rarely occur in English. We note also the use of the conditional tense in newspaper reporting in French to indicate possibility where English would use something like 'sources suggest that', etc. We also note the difference in tenses used in administrative or government edicts or the like. French will use the present tense, whereas English will most often use the future, indicating a difference in psychological perspective.

Adjectives

The translation of adjectives can also provide a challenge to the novice. Judicious use of the dictionary and much thought are required. Selected examples from the text which are deceptively simple are:

a quiet speech—obviously not 'tranquille' (p. 36)
mixed-up—complexés, nevrosés (p. 37)
chatty—où l'on parle, où il y a beaucoup de verbiage (p. 37)
étroite—close (p. 44)
en temps utile—at the appropriate time (p. 59)
strong routes—réseau aérien étendu (p. 64)
même—very (p. 71)

Inversion

A small point to be noted is the use of inversion in French scholarly writing. English-speaking students frequently fail to recognize it and mistranslate. Three examples from the text can illustrate this:

que rencontrent les femmes (p. 41)
tandis que se tiendront plusieurs colloques (p. 68)
qu'apporteront télémanipulateurs (p. 99)

Students must learn to read carefully and look for the presence of 'qui'
or 'que'.

Accumulations of Nouns

English has a tendency to accumulate nouns, a famous example
being, 'baby food can opener handle'. In the text there are several similar
examples. The student will have to devise translations, using prepositions. See:

oil price rise (p. 49)
commuter connection network (p. 64)
government procurement strategy (p. 102)
home computer stores (p. 103)

These reference points are meant to indicate technical problems in
translation. But, of course, one should always be aware of the deceptively
simple—traps for the student, how to translate 'the time', 'l'affaire', and
others of this ilk. For a really comprehensive treatment, we refer the
reader once again to Vinay and Darbelnet's *Stylistique Comparée* and to
Tremblay's *Grammaire comparative du Français et de l'Anglais* (1972).
But it is practice which will truly reinforce the points.

We have chosen two texts from our book to illustrate some methods
of approach and exploitation. We believe that students should always be
encouraged to deduce rules and facts for themselves with the teacher's
guidance, but, if time does not permit, the teacher can take a more didac-
tic role. The two sample texts are followed by three model translations.

Sample Texts

Sample Text 1
M. Giscard D'Estaing et le Programme Des Républicains Indépendants

Section II—Politics, pp. 43-4 (French to English)

The text should be read in its entirety and the teacher should give background of Giscard d'Estaing's political career, his party and political ideals, his presidency and his present situation.

Some general remarks about the text are appropriate. It is a piece of political propaganda written in a rhetorical style with the intent to persuade and convince. Students should note the structure, balance and progression of the text (e.g., repetition of "mais" in paras. 2, 3, 7, use of "tant que . . . que dans") and should compare it with English-language political propaganda. This, in itself, can be a revealing exercise, indicative of the cultural levels of the countries in question. Then the teacher should proceed to a sentence by sentence translation. Some suggestions follow which show how the text can be used for language learning which goes beyond the bounds of translating alone.

Para. 1. Quelles sont les orientations principales de notre action? Elles tiennent essentiellement dans notre souci de représenter au sein de la majorité l'élément centriste, libéral et européen.

Discuss nature of rhetorical question. Here it poses no special problems.

tiennent—discuss usage of "tenir". Use of "tenir à". Point out dangers inherent in translation of a commonly used verb.

souci—discuss why "souci" is used rather than "inquiétude"—fear about. This is an opportunity to discuss use of a synonym dictionary.

au sein de—explain to students the differences between use of "au sein de" and "dans". This will illustrate different stylistic registers—sophisticated and simple.

11

12

Para. 2. Les Républicains Indépendants sont centristes. Cela signifie d'abord qu'ils <u>sont dédaigneux</u> des mythes qui <u>font les délices</u> des formations politiques <u>extrêmes</u>, mais <u>soucieux</u> des réalités qui commandent l'adaptation de la Nation aux exigences de l'avenir. Cela veut dire aussi qu'ils refusent <u>un aspect</u> partisan <u>au profit</u> d'un esprit ouvert. On ne peut organiser la vie politique <u>à partir de</u> vues fragmentaires.

<u>sont dédaigneux</u> . . . <u>font les délices</u> . . . <u>soucieux</u>—teacher should discuss symmetry of passage and encourage students to find translations respecting this, probably by verbs in English, e.g., "disdain, delight, be concerned about".

<u>extrêmes</u>—discuss usage. Differs from "extrêmiste" which is used with "une politique".

<u>un aspect</u>—point out dangers in translating literally in this case.

<u>au profit de</u>—students should be encouraged to keep lists of prepositional phrases encountered. May best be translated in this context by a verb—"favor".

<u>à partir de</u>—teacher should explain that "de" does not change when followed by a modified plural noun.

Para. 3. Les Républicains Indépendants ne veulent pas être le parti d'<u>une classe</u>, d'<u>une caste</u>, mais le catalyseur d'un regroupement des modérés où chaque <u>milieu</u> social <u>se sente</u> à l'aise.

<u>une classe, une caste</u>—discuss when to translate by "a" or "one". The latter preferable here for stress.

<u>mais</u>—highlight stylistic feature of original by English equivalent, e.g., repetition of main verb.

<u>milieu</u>—discuss translation possibilities—"surroundings", "middle". Here "group", "class", or use of French term. Opportunity to discuss French words which have become part of English lexicon.

<u>se sente</u>—discuss use of subjunctive of probability.

Para. 4. Cela signifie enfin qu'ils veulent une gestion moderne, dynamique et efficace des affaires <u>publiques</u>. Ils <u>souhaitent</u> à cet égard l'utilisation systématique des <u>progrès</u> considérables accomplis <u>tant dans</u> les techniques de prévision <u>que dans</u> les méthodes de gestion.

<u>publiques</u>—point out spelling of masculine singular adjective, "public". Common trap for students.

<u>souhaiter</u>—opportunity to review synonyms for wishing, desiring.

progrès—point out differences between English collective noun and French noun used in both singular and plural. Singular used in an abstract sense, plural for actual instances of progress.

tant dans . . . que dans—comparative expression.

Para. 5. Les Républicains Indépendants sont libéraux, au sens politique du terme. Cela implique avant tout la recherche du dialogue, nécessaire pour expliquer et pour apprendre, et qui correspond à une aspiration certaine de l'opinion. Pour favoriser ce dialogue, il convient d'abord d'améliorer la politique de l'information. Naturellement, il n'est pas agréable pour les hommes d'Etat, d'entendre la critique, mais c'est une nécessité. Plus la critique se développe, plus l'opinion réfléchit, et c'est sans doute la voie d'un accord collectif sur la règle du jeu qui nous fait encore défaut.

favoriser—suggest synonyms such as "encourager", "aider".

il convient—use this as an occasion to introduce or review other impersonal phrases.

la politique—discuss possibilities of translation by "politics" or "policy". The latter in this case.

les hommes d'Etat—discuss usage of this and "politiciens", the former meaning the most highly placed people.

une nécessité—comment on differences between "nécessité" and "besoin", the latter being less urgent.

la voie de—comment on problems of translating prepositions from one language to another. Here "de" is best translated by "towards".

faire défaut à—comment on expressions with "faire". Also compare usage with "manquer" and comment on stylistic register (cf. "au sein de" and "dans").

Para 6. Il convient d'autre part, d'assurer la revalorisation de la fonction parlementaire. Il s'agit en effet d'attirer les élites de la nation à la vie publique en leur offrant des responsabilités à la mesure de leurs qualités. Il faut donc ne pas craindre de rendre au débat parlementaire son importance.

assurer la revalorisation—comment on French tendency to use abstract nouns where English would more likely use a verb or verbal phrase.

il s'agit—comment again on impersonal phrases.

14

qualités—comment on fact that this word has positive connotations in French whereas in English it has to be modified to denote a judgement.

Para. 7. <u>Dans la mesure où</u> l'unique objectif du Parlement était de renverser le Gouvernement, la méfiance était légitime et conduisait à limiter le contenu de la fonction législative. Mais quand la crise gouvernementale est devenue exceptionnelle et que le Législatif est désireux de collaborer avec l'Exécutif pour une action constructive, le débat parlementaire doit retrouver toute son importance.

dans la mesure où—comment on French usage of "où" where English would use "that" or "when".

Para. 8. <u>Européens</u>, les Républicains Indépendants considèrent que la construction économique et politique de l'Europe est une œuvre essentielle et que la France doit jouer dans ce domaine un rôle de catalyseur des forces d'unité. Nous sommes pour l'Europe, car c'est un mouvement naturel et irréversible. Les aires nationales sont inadaptées aux problèmes de notre temps. Quand on franchit les frontières, on a le sentiment de leur <u>vétusté</u>, <u>sentiment</u> que l'on devait avoir <u>jadis</u> en franchissant les octrois.

Européens—no article used with the vocative.

vétusté—comment on slightly archaic nature of word. An English analogy would be the difference between "old" and "antiquated".

sentiment—comment on omission of article when noun stands in apposition.

jadis—comment on stylistic flavor of word, a suitable companion for "vétusté" and "octrois".

Sample Text 2
The Women's Movement in France

Section IV—Social Sciences, pp. 76-7 (English to French)

The teacher should discuss the style of the passage which is extracted from an article in a scholarly journal and is neutral and analytic with none of the rhetorical flourishes of the previous text. It should therefore present fewer translation difficulties except those of vocabulary. It is of particular interest because of its subject matter and the terms used, some of which will not be found in a dictionary.

Para. 1. <u>Aside from</u> the abortion issue, however, autonomous <u>grass-roots</u> women's groups <u>from 1974 onward</u> <u>appeared</u> <u>in various forms</u>, especially among <u>white-collar</u> employees in Parisian ministries, banks, computer firms, and the post office, <u>to spread</u> information and to put pressure on their union representatives <u>to invite</u> speakers, show movies, etc., on women's issues. Classic forms of unionism have overlooked the <u>heavy</u> feminization of the workplace which has occurred in recent years, and dismissed such issues as <u>sexual harassment</u> and "double work" with contempt. But unions are changing, and women union members as well. Strikes by women workers have taken place, especially in the garment and textile industries and light manufacturing, which have been hard hit by the economic crisis. Union magazines such as "Antoinette", which <u>used to have</u> a very feminine style, have become more overtly feminist <u>during</u> the last few years.

<u>aside from</u>—discuss translation possibilities. "En dehors de" and "à part" most suitable. Comment on usage of "à l'exception de" and "à côté de".

<u>grass-roots</u>—discuss difficulties of translating idiomatic expressions. Here an English image has a concrete equivalent, "d'origine populaire".

<u>from 1974 onward</u>—comment on nuances of usage between "dès" which implies surprise that an event has happened so soon, and "à partir de" which indicates factually the date of an event's beginning. Choice here depends on interpretation of text.

<u>appeared</u>—most probably French would use an historic present here. Allows teacher an excellent opportunity to discuss use of historic present in French scholarly and critical writing.

<u>in various forms</u>—discuss many problems inherent in translating preposition "in". In this context "sous". Teacher should discuss different examples and translation possibilities for "in".

<u>white-collar</u>—discuss French equivalent for English usage. Most likely is "cadres moyens". An opportunity to discuss "cadres" and the popular, recent "cols bleus".

<u>to spread</u>—teacher should offer synonyms such as "diffuser", "disséminer" and "répandre" (used of "rumeurs").

<u>to invite</u>—possibilities of different translations highlight different structures. If "to put pressure on" is translated by "obliger", then "to invite"

may be translated by the infinitive preceded by "à". If another translation is used, e.g., "exercer une pression", it may be necessary to use "pour que" followed by the subjunctive.

heavy—explain why "lourd" is incorrect here. Suggest use of "important" or "intense".

sexual harassment—students will not find this expression in a dictionary as it is of too recent vintage. Contemporary articles use "agression sexuelle" as an equivalent.

used to have—discuss use of imperfect tense qualified for emphasis by a word such as "auparavant" or "dans le passé".

during—discuss translation possibilities such as "au cours de", "pendant" and "dans".

Para. 2. Essentially, however, the movement's energy since 1976 has been primarily devoted to the issue of rape. Feminist lawyers have made public declarations explaining that they were not seeking revenge or demanding heavy sentences for rapists, but that they were posing the problem of rape as a political crime in a sexist society. Nevertheless, juries have generally imposed very heavy sentences on rapists, which have given the far-Left press repeated opportunities to indict women as bourgeois liberals relying on bourgeois forms of justice. One of the most brilliantly and violently debated rape cases occurred at Aix in 1978, when youngsters were tried for having gang-raped two lesbians camping alone near Marseille. The women's homosexuality made classic defense arguments, such as the victim's consent, conspicuously ridiculous. In Grenoble, in June 1979, when four teenagers were tried for gang-raping a young woman, both sides explicitly declared—perhaps for the first time in a courtroom—that the root of the problem was a fundamentally sexist society. The Grenoble and Aix trials differed from others because they had a strong class component: the rapists came from disadvantaged communities in which rape is perhaps as "normal" as petty thieving. Thus the community itself felt it was on trial. These trials concretized the conflict between class issues and feminist issues in a way which has not occurred in the United States, where ethnic components generally prevail over class-related phenomena, and where there is much greater geographic separation between classes.

devoted—explain why "consacré" is correct and "dévoué"—related to individual feelings—is not.

heavy—in this context "lourd" is correct.

imposed . . . on—yet again translation of preposition is tricky. In this case dependent on the verb, "imposer une peine à".

repeated—discuss synonym possibilities such as "maintes", "multiples", "nombreuses".

to indict—difficult to translate. Specifically "accuser", but in this context either "condamner" or "traiter de" seems more suitable.

youngsters—discuss differences between "jeunes gens" and "adolescents", the text offering instances of each.

having gang-raped—teacher will find dictionaries unhelpful. Current usage suggest "viol collectif", "viol à plusieurs". Syntactical changes are necessary. Suggest "ont été jugés pour viol collectif". Student should note that article is not required when a crime is named.

made—discuss differences in usage between "rendre" and "faire".

differed—comment on use of imperfect tense—descriptive past.

strong—discuss synonyms such as "très marqué", "important".

class component—teacher can bring out difficulties of translating sociological lexicon into French. Social science developed after all in the U.S. Suggest "élément social".

felt it was on trial—comment on use of imperfect tense. Suggest "se sentait jugée".

concretized—teacher should explain return to use of historic present here.

in a way—prepositional phrase difficulty with "in"—"d'une façon".

prevail over—discuss possibilities of "dépasser" and the direct object, or "prévaloir sur".

Model Translations

Translation Sample 1
Assurance pour Installation Nucléaire
Nature de la Responsabilité
Section III—Administration, p. 60 (English to French)

NATURE DE LA RESPONSABILITÉ

14. En Europe occidentale, à quelques exceptions près, la tradition législative ou jurisprudentielle veut que l'exercice d'une activité dangereuse entraîne une présomption de responsabilité pour le risque créé. En raison des risques particuliers résultant des activités qui entrent dans le cadre de la Convention et de la difficulté de faire la preuve d'une faute étant donné la nouveauté des techniques de l'énergie atomique, cette présomption a été admise pour la responsabilité nucléaire. C'est-à-dire que la responsabilité est en principe objective et résulte du risque, indépendamment de toute faute (articles 3 et 4); ceci ne signifie pas, toutefois, que le seul fait d'entreprendre une activité nucléaire ou de transporter un combustible nucléaire ou des produits ou déchets radioactifs doive être considéré comme entraînant en soi-même une présomption de faute; mais, lorsqu'un accident se produit, la responsabilité de l'exploitant de l'installation nucléaire en cause est objective.

PERSONNE RESPONSABLE—INSTALLATIONS

15. Toute la responsabilité est concentrée sur une personne, à savoir l'exploitant de l'installation nucléaire où l'accident nucléaire se produit. D'après la Convention, l'exploitant—et l'exploitant seul—est responsable des accidents survenant dans l'installation, à l'exclusion de toute autre personne. Bien entendu, la Convention ne vise que la responsabilité civile. L'exploitant d'une installation nucléaire y est défini comme étant la personne désignée ou reconnue comme tel par l'autorité pub-

lique compétente en ce qui concerne l'installation nucléaire en cause °article 1 (a) (vi) §. Dans les cas où il existe un système de licence ou d'autorisation, l'exploitant est le bénéficiaire de la licence ou de l'autorisation. Dans tous les autres cas, c'est la personne qui, par décision de l'autorité publique compétente, est tenue, en vertu de la Convention, d'avoir la couverture financière nécessaire pour faire face au risque de responsabilité civile. Ainsi, au cours des opérations d'essai, lorsque le fournisseur, pendant une période d'expérimentation initiale, exploite un réacteur avant qu'il soit remis à celui à qui il est destiné, le responsable est la personne désignée pour ces essais par l'autorité compétente. Quand une action est introduite, le tribunal saisi est tenu de considérer comme exploitant la personne considerée comme tel par l'autorité publique compétente du pays où est située l'installation en cause.

Translation Sample 2
Future Plans for Breeder Development in France
Section IV—Science and Technology, pp. 105–6 (English to French)

PLANS FUTURS POUR LE DEVELOPPEMENT DE SURREGENERATEURS EN FRANCE

En 1978, Electricité de France (E.D.F.)* décidait et mettait en œuvre l'étude du super régénérateur Phenix II. L'étude de la partie nucléaire de la centrale (réacteur nucléaire) a été confiée à NOVATOME, et E.D.F. lui-même a assuré la mise en œuvre de toute la centrale. E.D.F. assure habituellement les fonctions d'architecte ingénieur pour toutes les centrales électriques qu'il construit. Le projet préliminaire devait être terminé en 1980; l'étude finale et l'appel d'offre définitif (prix fixe sans tenir compte de la hausse des prix) devaient être présentés par NOVATOME et par les autres contractants construisant les éléments importants (turbo générateur, équipement électrique, etc.) en 1983.

---

*EDF est un substantif masculin s'employant sans article.

En fait, il devait y avoir deux offres, l'une pour une centrale nucléaire unique comprenant deux unités identiques, et une autre pour deux ou quatre centrales comprenant chacune deux unités identiques, devant être construites selon un programme raisonnable (départ de la construction d'une nouvelle centrale tous les deux ans, par exemple). La première offrira certainement un prix plus élevé par kilowatt installé que la seconde, mais avec un risque plus bas du point de vue d'E.D.F. La décision d'accepter l'une ou l'autre offre et le début de construction interviendra en 1983 et en 1985. Cependant, la première unité devra entrer en fonctionnement aux environs de 1990.

La décision d'entreprendre la construction de plus de surrégénérateurs sera probablement prise après celle de construire le premier surrégénérateur Phenix. Il est prévu l'utilisation pour les surrégénérateurs d'un plutonium produit exclusivement par la France, pour une capacité de 16 à 23 GWe en fonctionnement autour de l'année 2000.

Les études du surrégénérateur Phenix ont été conduites à partir du principe que les solutions techniques et les caractéristiques nucléaires devaient être aussi proches que possible de celles de Super Phenix I. Cependant, l'augmentation de la puissance totale jusqu'à 1 500 MWe pourrait être possible grâce à une meilleure marge de planification de Super Phenix I, et éventuellement par la séparation de quelques goulots d'étranglement. De surcroît, il pourrait être possible de minimiser le coût d'investissement par kilowatt en profitant de l'expérience de la construction et de l'assemblage obtenue grâce à Phenix et à Super Phenix I.

La question de savoir comment le développement de la surgénération se produira en France dépend forcément de trois facteurs: (i) l'expérience tirée de l'exploitation de Phenix et de Super Phenix I, dont la pleine puissance est prévue pour 1983; (ii) le coût d'investissement de Super Phenix II, qui dépendra des résultats des études ci-dessus, et qui doit être comparé avec le coût d'un LWR après les nécessaires corrections pour une centrale prototype; et (iii) le coût, et notamment celui du combustible utilisé suivant le cycle d'exploitation d'un LMFBR.

En ce qui a trait à ce dernier point, à côté du projet TOR précité, il est prévu de commencer l'exploitation d'une grande usine de retraitement des résidus combustibles des surrégénérateurs en 1989. Cette usine doit avoir la capacité suffisante pour retraiter au moins le combustible provenant de Super Phenix I et des deux Super Phenix II. Naturellement, cela nécessitera dans le même temps un plus grand développement de l'usine de fabrication du combustible que de celle de Cadarache (20 tonnes de plutonium et d'uranium par an).

Translation Sample 3
France's Fast Train: The TGV
Section VI—Science and Technology, p. 106 (English to French)

Le Train à Grande Vitesse Français (TGV)

Alors que le "New Scientist" faisait état des difficultés rencontrées par le projet APT des Chemins de fer britanniques (Advanced Passenger Train) (le 12 mars, p. 659), les ingénieurs des Chemins de fer français, serins, célébraient le nouveau record mondial de vitesse récemment acquis par leur nouveau train—le TGV, ou Train à Grande Vitesse. Une rame expérimentale fut ainsi adaptée pour rouler à la vitesse de 380 km/h (environ 235 miles/h).

Le nouveau train doit entrer en service en septembre. En service normal, il atteindra la vitesse de 260 hm/h, ramenant ainsi la durée du trajet Paris-Lyon, de 4 à seulement 2 heures.

Les français ont évité les problèmes posés par le système révolutionnaire des BR, dit "à caisse inclinable" utilisé sur l'APT en concentrant leurs efforts sur la voie, plutôt que sur le matériel roulant. Au lieu de construire des rames, "à caisses inclinables" pour rouler sur des voies courbes ils ont installé une ligne nouvelle de Paris à Lyon avec un tracé moins sinueux (Rayon de Courbure de 4 kms au lieu de 800m). De toutes façons, la ligne existante ne pouvait plus suffire à la demande.

Chaque rame TGV sera composée de huit remorques posées sur des bogies entre 2 remorques. Cette disposition est économique, améliore la pénétration dans l'air (l'aérodynamisme) du train et le confort.

La rame du record du monde n'avait pas du tout la composition des rames de série. Les ingénieurs avaient dopé ses performances en augmentant sa tension d'alimentation, en modifiant le pantographe qui capte le courant de façon à augmenter l'effort de contact sur la catenaire, et en augmentant le diamètre des roues de 10 cms. Cette rame spéciale n'avait également que 5 remorques ce qui la rendait considérablement plus légère que les rames de série à huit remorques.

JOURNALISM

1. FAITS DIVERS—LE MONDE

Mardi 26 mai

PAYS-BAS. Les électeurs ont participé massivement au scrutin destiné à renouveler leur Chambre des députés. La coalition gouvernementale sortante, composée des chrétiens-démocrates de M. Van Agt et des libéraux, a perdu 3 des 77 sièges qu'elle détenait; ce léger recul est suffisant pour lui faire perdre la majorité, puisque la Chambre néerlandaise compte 150 députés.

Le parti socialiste de M. Joop Den Uyl enregistre de son côté un recul plus important, en perdant 9 des 53 sièges qu'elle détenait, essentiellement au profit de la formation de centre gauche. Démocratie 66 sort grand vainqueur de ce scrutin en doublant, avec 17 sièges, le nombre de ses députés.

Jeudi 28 mai

ALLEMAGNE FEDERALE. Mme. Veil, président du Parlement européen a demandé plus de cohérence au conseil des ministres de la Communauté et la renonciation au principe de l'unanimité dans ses prises de décision. Elle a invité la Commission européenne à se montrer plus "audacieuse et novatrice". Quant au Parlement, organe des peuples d'Europe, il doit recevoir plus de pouvoirs, a-t-elle dit, dont un "droit d'initiative" plus généreux et plus d'attention de la part du conseil et de la Commission.

S'il en est autrement, a conclu Mme. Veil, la Communauté sera économiquement livrée aux "robots japonais et donnera l'image d'une Europe laissant de plus en plus aux Etats-Unis le soin d'assurer sa défense, tandis que l'URSS poursuivra tranquillement sa stratégie d'hégémonie".

ESPAGNE. L'Est et l'Ouest se sont mis d'accord, à la conférence de Madrid, pour faciliter les "contacts humains" entre membres d'une même famille, la réunification de celles-ci et les mariages entre resortissants de pays différents.

L'engagement à "résoudre favorablement" toutes demandes dans ce sens figure dans l'un des deux paragraphes du projet de déclaration finale approuvés en commission jeudi par la Conférence sur la sécurité et la coopération en Europe (C.S.C.E.). Dans les cas urgents, les demandes de réunification et de mariage devront recevoir des réponses favorables en moins de six mois. Les sommes à verser pour l'obtention des passeports et visas de sortie seront réduites et les demandes simplifiées. Un des paragraphes approuvés tend à faciliter les contacts culturels et sportifs.

Lundi 1er juin

BELGIQUE. Le représentant de l'O.L.P.*, M. Naim Khader, quarante et un ans, a été tué, en plein centre de Bruxelles, de cinq balles de gros calibre. L'assassin, un homme de grande taille et qui porte moustache, a été aperçu par un facteur des postes qui a pu donner un signalement assez complet. L'attentat a été commis dans un des quartiers résidentiels de la capitale, à l'angle de l'avenue Scarabées, où M. Naim Khader habitait au numéro 5, de l'avenue Franklin-Roosevelt, près de l'université libre de Bruxelles. M. Naim Kader n'avait que quelques mètres à faire entre son domicile et son bureau.

L'assassinat de Naim Khader, considéré comme un "modéré" a provoqué une vive émotion à Bruxelles, où le représentant de l'O.L.P. avait de très nombreux amis. Il avait été, en 1980, le premier à condamner l'attentat contre les enfants juifs d'Anvers et avait par la suite eu des propos très durs pour les auteurs de l'agression contre la synagogue de la rue Copernic à Paris. Son rôle à Bruxelles, capitale du Marché commun, était important, et son influence dans les milieux diplomatiques arabes était déterminante. Il était considéré comme une des figures montantes dans l'entourage de M. Arafat, et, à plusieurs reprises, on avait parlé de lui comme éventuel représentant de l'O.L.P. à Paris.

Le Monde (28 mai-3 juin 1981).

2. LA NEIGE AU SOLEIL D'ETE

Crevés mais contents. En pleines vacances, ils se lèvent à 6 heures du matin, pour chausser leurs planches et dévaler en chemise des glaciers de plus de 3 000 mètres d'altitude. On avait d'abord cru à une mode fugitive, à un caprice de snobs en mal de sensations insolites, à une lubie de fous de la glisse voulant maintenir coûte que coûte, pendant la morte saison, leur forme d'hiver. Faribole: le ski d'été se porte de mieux en mieux, merci. Il se paie même le luxe de mordre chaque année un peu plus sur la clientèle des plages et des destinations exotiques.

Ils sont près de 100 000 à le pratiquer en France du 1er juillet au 31 août. Insignifiant, bien sûr, à côté des cinq millions d'adeptes du ski

---

*O.L.P.—Organisation de la libération palestinienne.

alpin. Marginal pour beaucoup de grandes stations. Mais pas pour toutes. Cet "ersatz de ski", comme le baptise un peu rapidement un fonctionnaire du Service d'étude et d'aménagement de la montagne à Chambéry, sert depuis quelques années de "locomotive" commerciale à la dizaine de stations alpines qui ont décidé de jouer à fond la carte d'une deuxième saison touristique.

Leurs responsables ne se sont pas lancés à la légère. Ils n'ont rien inventé. Les uns après les autres, ils ont étudié ce qui se passait à Zermatt, en Suisse, dans la haute vallée de Solden, en Autriche, et aussi sur le glacier de la Marmolada, dans les Dolomites.

Les petits malins ont même vu dans cette opération estivale une bonne façon de drainer des clients à l'année. Comme le fait remarquer Jo Martin, P.d.g.* des remontées mécaniques des Deux-Alpes, "les amateurs vont se dire que si l'on peut skier l'été dans une station, c'est que, l'hiver, il y a toujours de la neige".

Il n'a pas tort, Martin. Mais si Les Deux-Alpes font le plein l'hiver, elles n'en sont plus tellement loin en juillet et en août. "A lui seul, le ski d'été rapporte 5,5 millions de Francs à la station, c'est-à-dire 15% de son chiffre d'affaires annuel", assure-t-il. Les étrangers, des Italiens surtout, chaussent leurs skis dès l'aube pour goûter la poudreuse ou le "gros sel" du glacier du mont de Lans.

A Tignes, qui s'est arrogé sans le moindre complexe le titre de "capitale du ski d'été", les 2 000 mordus grimpent plus haut encore. Les onze remontées mécaniques les conduisent à 3 600 mètres, sur le glacier de la Grande-Motte, où skieurs chevronnés et néophytes se défoncent le temps d'une matinée. Car passé 11 heures ou midi, sous les coups de boutoir du soleil, la bonne neige se transforme en "soupe".† Un peu frustrée, la cohorte des bronzés de l'altitude reflue vers la vallée.

Que faire l'après-midi? Aux Deux-Alpes, comme à Tignes, à La Plagne comme à Val-d'Isère ou à Val-Thorens, on a tout prévu. Atout majeur: le tennis, la nouvelle folie française. Val-Thorens a même installé un centre de stages Pierre Barthès. Mais il y a aussi la natation, l'escalade, le trial, le patin à glace, le tir à l'arc. Ou—suprême raffinement dans la variété—le ski sur herbe, comme aux Deux-Alpes.

Des gadgets qui peuvent devenir des succès commerciaux. Grâce au ski d'été, certaines stations augmentent chaque année leur clientèle de 5 à 10%. D'autres, sceptiques au début, songent aujourd'hui à les imiter en étendant leur domaine skiable. Trop tard, peut-être: depuis la directive

*P.d.g.—Président Directeur Général.
†la soupe—terme populaire pour la neige fondue.

gouvernementale de novembre 1977, on ne peut plus aménager ce que l'on veut en montagne.

L'Express (14 août 1981).

3. LE "PROSOMMATEUR"

Un des phénomènes économiques les moins étudiés de notre époque a été le développement prodigieux des activités de type "faites-le-vous-même" ou "aidez-vous-vous-même". Des millions de gens prennent eux-mêmes leur tension, artérielle, construisent leur terrasse, remplissent eux-mêmes leur réservoir de voiture, ou se groupent pour former des organisations d'entraide. Cela va des femmes ayant subi l'ablation d'un sein aux associations de non-fumeurs, en passant par les "groupes de deuil" qui aident à soulager la peine de ceux qui ont perdu un parent ou un ami. On compte aujourd'hui quelque 500 000 groupements de ce genre aux Etats-Unis, et ils se multiplient à un rythme frénétique. Au lieu de se considérer comme des consommateurs de services offerts par des professionnels, tels que médecins, psychiatres et autres spécialistes, ces gens-là produisent ensemble (ou plutôt proconsomment) leurs propres services. Ce sont des "prosommateurs".

Le côté "bricolage" de ce mouvement fait beaucoup plus que se maintenir. L'industrie des matériaux de construction a, sans bruit, franchi un seuil important entre 1974 et 1976: elle a vendu plus d'outils et de fournitures à des "bricoleurs" qu'à des entrepreneurs, électriciens ou charpentiers professionnels.

Les raisons qui ont présidé à une telle évolution sont multiples et complexes. Elles vont du coût élevé des services au manque de plombiers et autres réparateurs, en passant par la découverte de nouvelles technologies et la détérioration des services publics. Quelles que soient les causes, tout porte à croire que la "prosommation" prendra de plus en plus d'importance dans les années à venir. Accaparant davantage de notre temps et de notre énergie, elle modifiera notre mode de vie et les relations sociales, d'une façon subtile mais profonde.

Au lieu de classer les gens par ce qu'ils possèdent—comme le veut la mentalité de la société de marché—l'éthique du prosommateur accorde une grande valeur à ce qu'ils font. Avoir beaucoup d'argent est toujours un élément de prestige. Mais d'autres caractéristiques gagnent en importance, parmi lesquelles la confiance en soi, la faculté de s'adapter et de survivre dans les conditions difficiles, la capacité de fabriquer des choses de ses propres mains, que ce soit construire une clôture, cuisiner un plat raffiné, tailler ses vêtements ou restaurer un vieux coffre.

Qui plus est, alors que l'éthique de marché valorise les esprits uni-directionnels, l'éthique du "prosommateur" recommande plutôt l'"ouverture". La versatilité est à l'ordre du jour. Cependant que la Troisième Vague établit un meilleur équilibre économique entre la pro-duction commercialisable et la production pour l'usage, des voix de plus en plus nombreuses s'élèvent pour réclamer un style de vie "équilibré".

L'Express (7 juin 1980).

4. LES MINISTRES COMMUNISTES DU GOUVERNEMENT MITTERRAND

La décision prise par François Mitterrand d'appeler au gouverne-ment quelques ministres communistes provoqua un débat, apparem-ment dépourvu de passion. Pourquoi ce calme apparent face à des ministres communistes appelés à des fonctions importantes pour la pre-mière fois depuis que Ramadier, en 1947, expulsa les communistes de son gouvernement? En 1974, et même en 1978, François Mitterrand semblait lié au P.c. et incapable de se détacher de lui. Aujourd'hui, la toute-puissance du Président et du P.s. fait apparaître le P.c. prisonnier du vainqueur, du premier homme qui, depuis le général de Gaulle, in-fligea une cuisante défaite au P.c. en attirant au P.s. les voix ouvrières. L'alliance P.s.—P.c. profite aujourd'hui, aux yeux de tous, au premier plus qu'au second. Il reste à savoir le prix qui a été et sera payé.

Pour une autre raison, évidente elle aussi, l'alternance semble s'opérer dans l'huile. Aucun gouvernement, depuis 1958, n'use d'un langage aussi atlantiste que celui de François Mitterrand. Pierre Mauroy* n'eut qu'une phrase banale pour l'Union soviétique, presque rien auprès des déclarations antineutralistes de Claude Cheysson,† de l'appui donné par François Mitterrand à Helmut Schmidt contre Willy Brandt et l'Internationale socialiste. Je m'étais demandé, en lisant le der-nier livre de François Mitterrand, quelle diplomatie résulterait du mélange de l'anti-impérialisme économique des Etats-Unis. Jusqu'à présent, il n'est guère question que du surarmement soviétique, du ré-tablissement nécessaire de l'équilibre militaire en Europe, même si le coeur des conseillers du Président bat pour les insurgés du Salvador. A propos de la Libye, Claude Cheysson semble faire du zèle, puisqu'il re-prend les livraisons d'armes suspendues par Giscard d'Estaing à la suite

---

*Pierre Mauroy—Premier Ministre français. En juillet 1984, il a été re-mplacé par Laurent Fabius et les ministres communistes se sont retirés du gouvernement.

†Claude Cheysson—Ministre des Affaires Etrangères.

30

des incursions libyennes au Tchad. Le président d'hier avait cédé aux critiques; le nouveau pouvoir ne craint pas les critiques qu'il formulait lui-même dans l'opposition; en même temps, il se rapproche du gouvernement tchadien en place et ne soutient plus Hissène Habré.*

Au Proche-Orient, le président Mitterrand a proclamé immédiatement sa sympathie pour Israël et pour les socialistes de Shimon Peres; il se trouve, du même coup, libre de condamner rudement l'action de Menahem Begin. Claude Cheysson regretta, à Ottowa, que la déclaration finale n'eût pas employé un langage plus direct contre les excès du Premier ministre israélien. Pour l'instant, le Président peut se permettre autant ou plus de sévérité à l'égard d'Israël que son prédécesseur, en raison même de ses amitiés.

Faut-il conclure que le P.s. de Mitterand reprend la suite de la S.f.i.o.† de Léon Blum et de Guy Mollet, qui, au temps de la guerre froide, était résolument atlantiste? François Mitterrand a jugé qu'il importait avant tout de sauvegarder les relations privilégiées avec la République fédérale d'Allemagne, pour deux raisons qu'un manoeuvrier ne devait pas ignorer: l'intérêt de la France exige une Allemagne solidement ancrée à l'Ouest; à la veille d'une révision de la politique agricole commune, il fallait éviter un axe germano-britannique.

L'Express (14 août 1981).

5. COMPTE-RENDU DU DERNIER METRO DE FRANÇOIS TRUFFAUT

Après l'avoir parfois combattu, Truffaut nous restitue ici, le Cinoche‡, le vrai, celui qui, tout en nous racontant une histoire et en nous divertissant, nous parle de choses essentielles. *Le Dernier métro,* arrivant, sans que le hasard n'y soit pour rien, en un septembre 80 où la France se trouve obligée de dissoudre quelques organisations nazies, où les murs de Paris et les couloirs de son métro se salissent de quelques obscènes graffiti anti sémites, revêt une certaine importance.

Loin de moi l'idée de transformer Truffaut en cinéaste politique; il suffira de rappeler que ce film, qui nous raconte avec plaiser une histoire (avec un "h" minuscule), est d'abord un avertissement: nous sommes les vrais coupables des années 40, nous sommes les coupables potentiels des années 80, à nous de prendre garde; ce film peut, aussi, nous y aider.

---

* Hissène Habré—Politicien tchadien opposant le gouvernement en place.

† S.f.i.o.—Section française de l'internationale ouvrière.

‡ le   Cinoche—terme populaire pour le cinéma.

Mais le propos de Truffaut est d'abord d'assouvir deux de ses désirs, trois peut-être . . .

Première joie: jouer avec les reconstitutions et les costumes. Moins éloignée dans le temps que le 19ᵉ siècle d'*Adèle H.* ou le 20ᵉ siècle naissant de *Jules et Jim,* la période de l'occupation tentait François Truffaut depuis longtemps. Son élégance jongle à l'aise et sans erreurs, avec les affreux souvenirs de talons compensés* et des "coques".†

Deuxième plaisir: situer son action dans le milieu du théâtre. Après *la Nuit américaine,* montrant les coulisses du cinéma, ce second volet du triptyque, est plus fin, plus persuasif, et tout aussi minutieux. On nous y montre combien sont inextricables les liens de la vie et ceux du théâtre, chez ceux qui le font comme chez ceux qui le regardent.

. . . L'homme dont on nous raconte l'histoire, Lucas Steiner, est le directeur du théâtre de Montmartre. Il est juif. Donc obligé d'abandonner son théâtre (à sa femme, aryenne en l'occurrence). Il est en danger de mort. Il vivra de longs mois cloîtré dans sa propre cave, mais jamais il ne prendra rien plus au sérieux, que la vie, la survie, la qualité de son théâtre.

"The show must go on" (le spectacle doit continuer), c'est la conclusion, et la devise du film, celle de Truffaut aussi sans doute.

Devise grave, mais qui nous situe d'entrée de jeu dans la comédie. Jamais, si grave que soit l'histoire qui nous est contée, si évidentes ses répercussions, Truffaut ne se laissera aller ni au tragique, ni à l'apologie de la grandeur, à l'exaltation des grands sentiments, ou à ses corollaires: la terreur.

. . . On est d'autant plus "dans le spectacle" avec *le Dernier métro,* que tous les rôles sont comme autant de personnages de drame ou de comédie. On ne recherche jamais le naturel, mais, au contraire, la signification, la silhouette, et les acteurs n'en "sonnent" que plus vrai. Truffaut a une manière curieuse de les approcher comme pour capter chez eux, de la vie, tout ce qu'elle a de contradictoire. A part l'horrible Daxiat, et le formidable régisseur (et encore), tous les personnages sont doubles.

---

*talons compensés—chaussures que les femmes portaient pendant la deuxième guerre mondiale. Les semelles font corps avec le talon.

†coques—coiffure en vogue pendant la période de la deuxième guerre mondiale.

Double Marion/Catherine Deneuve, femme et actrice, jeune et si mûre, amoureuse de son mari et de Bernard, calculatrice et spontanée. Double Bernard/Depardieu, passionné et balourd, absent et résistant, lunaire et si terrestre; doubles par leur homosexualité, Poiret et Ferreol. Il faudrait (ce n'est pas une clause de style) les citer tous, cohérents et resserés dans le petit monde de leur théâtre, auquel Truffaut sait nous faire croire, à travers lequel il nous livre la réalité, comme transformée, revue, différente.

L'Avant-Scène du Cinéma no. 245 (15 Octobre 1981), pp. 61–3.

6.   AUGUST TRAFFIC JAMS IN FRANCE

France's annual August holiday migration is expected to cause the worst traffic jams in history from early today until Monday evening when some 6.6 million holiday makers and weekenders will be competing for road space in more than two million cars bound for the South.

After years of efforts to stagger their holidays, the French have not shaken off their addiction to August. This year's crisis has arisen because August 1 is a Friday, which concentrates holiday departures and adds weekend traffic to the rush. The last time this happened, in 1975, there were 375 miles of solidly jammed roads between Paris and the South.

Because July departures were 10 per cent fewer than usual, the authorities fear that many who stayed behind then will venture forth now. The heatwave will also add considerably to motorists' troubles.

Bison Futé (The Wily Bison) is a resourceful and ingenious unit which operates to advise motorists on alternative routes. It conducts surveys of motorists' intentions and publishes advice on peak hours to avoid.

But this year Bison Futé has confessed it is worried because its past popularity may work against it. "If too many people follow our advice, it could defeat its object," said a Bison organizer.

The traditional device of setting off at 4 am is now worse than useless. A chart put out by Bison Futé shows that on each of the four days between today and Monday the worst departure time (to be avoided at all costs) is between 3 am and 6 am. The best time is the afternoon and evening.

The Guardian (August 1, 1980).

7. PARIS DEFIES WIND AND RAIN TO CELEBRATE HUNDREDTH BASTILLE DAY

Wind and rain marred the traditional July 14 celebrations this year in Paris and the provinces. But they did not deter Parisians—who loyally celebrate the fall of the Bastille, although many of them have only a vague idea of what it was all about—from turning out in large numbers to watch more than 6000 men, and 420 vehicles parade down the Champs Elysées.

President Giscard d'Estaing took the salute at the foot of the Obelisk with members of the Government and the diplomatic corps.

The weather was so rotten that when the drizzle turned into a downpour, the head of state broke with the tradition set by General de Gaulle of always appearing in public, rain or shine, winter or summer, without an overcoat.

The themes of this year's parade—M. Giscard d'Estaing always sets something different for each July 14 parade—were the Narvik expedition of 1940 and the liberation of Paris in 1944. The colors of the 13th Half-Brigade of the Foreign Legion—the first unit of the French Army to join the Free French Forces during the last war—the 4th Regiment of the Legion and the 6th Battalion of the Chasseurs Alpins, which took part in the Norwegian campaign, were all flown today.

The liberation of Paris was commemorated by the 2nd Armoured Division, better known as the Leclerc Division, after the hero of Bir Hakeim and Strasbourg, disbanded at the end of the war, and reformed only last year. With half its armour, it drove down those same Champs Elysées for the first time since, 36 years ago, it entered the capital in an indescribable atmosphere of rejoicing.

... The parade was followed by the equally traditional reception at the Elysée Palace*, to which 6000 guests had been bidden. They included commanders and representatives of the men who took part in the parade, together with many young managers, ex-servicemen and sportsmen as well as representatives of French provinces, in local costume, including shepherds from the Landes on their stilts.

In a television interview from the palace during the reception, the President announced that prisoners serving sentences of less than one year would be granted a remission of between a fortnight and a month as a "gesture of fraternity" to mark the one-hundredth anniversary of the national day. He also said there was no question of reducing the length of national service—as the Gaullist have been proposing.

The Times (July 15, 1980).

*Elysée Palace—residence of the President of the French Republic.

8. SECRET GROUP LINKED TO KILLING
OF FRENCH DETECTIVE

The head of a secretive, right-wing counterterrorist group has been charged with complicity in the murder of a Marseilles detective.

The detective, Jacques Massie, was murdered on July 18 at his home at Auriol, 30 miles northeast of Marseilles. His wife, his 8-year-old son, his wife's parents and a family friend are missing and are believed to have been slain.

The man charged Monday with complicity in the murders, Pierre Debizet, was reportedly* the head of the Service d'Action Civique, of which the murdered detective had been the Marseilles regional chief. The group was founded by Gen. Charles de Gaulle in the turbulent period of his return to power in 1958. It was a private militia, composed mainly of members of the World War II resistance† who were loyal to de Gaulle.

It was his Praetorian Guard. Its members protected him and saw to it that his rallies were not disrupted by toughs of disparate political persuasions.

A suspect in the Massie murder, a schoolteacher who is a member of the group, was apprehended and confessed to having knifed to death both Mr. Massie and his son, Alexandre. The suspect, Jean-Bruno Finochietti, said he was one of five men who had been ordered to do away with Mr. Massie, according to investigators.

The case has become a major political scandal. According to Mr. Finochietti, Mr. Massie was murdered because he knew too much about illegal activities of the secret group, which has members and supporters high in conservative political circles. The detective's family and friend were slain, according to the suspect, because Mrs. Massie recognized one of the masked killers.

Mr. Finochietti, who was identified from a fingerprint he left in the Massie home, led investigators to Mr. Massie's body, hastily buried in a remote mountain spot. He says he does not know where the other bodies were placed, and several other suspects now under arrest deny any involvement in the crime.

---

*The conditional is used in newspaper reporting in French to indicate probability.

†World War II resistance. Clandestine action during the Second World War opposed to the German occupation. Participated in the Liberation of France.

Other sources have reported that Mr. Massie may have been competing in illegal arms sales, in which members of the organization are
said to be involved. Mr. Debizet has insisted that it is not linked to the af-
fair, but he refused to turn over a membership list.

The investigators said that Mr. Debizet met with Mr. Massie in Marseilles on May 10, along with Jean-Joseph Maria, the new Marseilles regional chief, and Yves Destrem, Mayor of Aix-en-Provence. Last week,
Mr. Debizet, who works out of a fortified building in Paris, denied knowing Mr. Massie. Both Mr. Maria and Mr. Destrem also have been charged
with complicity in the murder. Mr. Destrem, a former regional chief, was
an unsuccessful candidate in recent elections.

After de Gaulle had founded the Service d'Action Civique, it
evolved into his personal organization for fighting the equally clandestine Secret Army Organization, a group dedicated to keeping Algeria as
part of France.

The leaders of de Gaulle's organization were mostly Gaullists of
some note, but the rank and file included cutthroats from the Marseilles
waterfront whose activities were being overlooked because of their dedi-
cation, first, in killing Germans and, later, as members of the Secret
Army Organization.

After Algeria was separated from France*, the group declared itself
to be an arm of the Gaullist party, happy to put up posters and keep
order at rallies. But it continued to lurk below the surface of French
political life, xenophobic, extreme rightist, and apparently beyond the
control of the regular forces of law and order. It drew much of its membership from the police.

The New York Times (July 29, 1981).

9. NEW STATUS OF FRENCH RIGHT
SINCE MITTERRAND

Bernard Stasi, leader of a small liberal group in the coalition that
supported former President Valéry Giscard d'Estaing, recently compared the French political scene to a soccer match just after the half-time
switch of goals. "For a little while," he wrote, "the players are disoriented,
retaining a tendency to kick the ball the wrong way."

He noted a number of paradoxes. For example, he contended, it
makes no sense for the Socialist Government to be pushing decentraliza-

---

*Algeria became independent in 1962.

36

tion and for the opposition to be opposing it. "It is when you are in opposition that you should welcome the chances offered by decentraliza-
tion", he wrote. Because the right still thinks of itself as in power, he continued, it defends the institutions of power even when they are in the
hands of its antagonist.

The confusion is largely one-sided. The Socialists, who have conducted a clean sweep of key bodies such as the state television system and
who are charging ahead with their economic program, seem reasonably
adjusted to power. But then it is easier to become accustomed to riding in
a limousine than to taking the bus.

The French right has not even found the bus stop. To many of its
leaders, the end of their 23-year sway has felt more like going into exile
than simply losing power. For them, France has not merely changed
political parties; it has all but been occupied. Jacques Toubon, an
energetic young lieutenant of the neo-Gaullist leader, Jacques Chirac,
said on television the other day that not only was it un-French for the left
to hold power, it was against the spirit of the French revolution.

If the remark seemed a trifle disoriented, it should be noted that
Mr. Toubon is Mr. Chirac's choice to revitalize his party, the Assembly
for the Republic.* Even senior figures in what is still called the "old
majority"—the Socialists are still called, by some, the "old opposition"—
seem disoriented. All summer, while President François Mitterrand and
Prime Minister Pierre Mauroy were seen everywhere, hard at work, and
no Cabinet minister would admit to taking more than a week's vacation,
the entire leadership of the two main opposition groups—Mr. Chirac's
Assembly for the Republic and Mr. Giscard d'Estaing's Union for
French Democracy†—virtually disappeared.

Mr. Chirac made his reappearance only last week, giving a quiet
speech at the Arc de Triomphe commemorating the 37th anniversary of
the Paris liberation. Mr. Giscard d'Estaing has been away all summer,
first in Greece, then at a friend's ranch in Canada. Last week, readers of
Paris-Match were treated to an unusual spread of the patrician former
President—on horseback, about to enter a stream and, in lumberjack
shirt, singing "My Darling Clementine". Mr. Giscard d'Estaing, bitter at
his defeat, has been on the point of launching himself back into things at

---

*Assembly for the Republic—Rassemblement pour la République. R.P.R.
Rightist Gaullist party presently led by Jacques Chirac, mayor of Paris.

†Union for French Democracy—Union pour la Démocratie Française.
U.D.F. Centrist party founded by former President Giscard d'Estaing. The two
other main political parties are the Parti Socialiste (P.s.) led by President François
Mitterrand, and the Parti Communiste (P.c.), led by Georges Marchais.

several points this summer. According to associates, when President Mitterrand appointed four Communist ministers, his predecessor was all for flying back from Greece and warning France of its peril. His advisers convinced him that a relaxed and distant image would do better for the long run.

New York Times (August 30, 1981).

10. REVIEW OF FILM: RESNAIS' COMEDY, "MON ONCLE D'AMERIQUE"

To a greater or lesser extent, all fiction is a study of human behavior. What distinguished "Mon Oncle d'Amérique," Alain Resnais' fine, funny new French comedy, is the film's mock-grave suggestion that human behavior isn't quite as mysterious as we like to pretend it is and that, indeed, most of the terrible things that happen to us need not be inevitable.

It's the proposition of Mr. Resnais and his collaborator, Dr. Henri Laborit, the French medical doctor and behavioral scientist, that our lives won't change until we understand the brain itself, something that Dr. Laborit has been studying for several decades.

"Mon Oncle d'Amérique", which opens today at the Paris Theater, is an exhilarating fiction that takes the form of a series of dramatic essays about three highly motivated, extremely mixed-up persons. They are René Ragueneau (Gérard Depardieu), a successful textile company executive who is suddenly faced with the loss of his career; Jean Le Gall (Roger-Pierre), an ambitious politician with a desire for total power, both private and public, and Janine Garnier (Nicole Garcia), Jean's mistress and a would-be actress who makes noble sacrifices only to find that, like most noble sacrifices, it's a self-defeating gesture.

"Mon Oncle d'Amérique" is a chatty movie, rather like the kind of 19th-century novel in which the author is always chiming in to comment on what's happening and to make observations that instruct and amuse. In this case, the author is Dr. Laborit, whom we see being interviewed in his laboratory by Mr. Resnais. The doctor, one of the people responsible for the development of drugs to control the emotions, is the wise literate, unflappable host, a sort of Gallic Alistair Cooke, and "Mon Oncle d'Amérique" is the show.

Of major concern to Dr. Laborit is the manner in which people inhibit their primal urges to dominate their landscapes and everyone around them. Mr. Depardieu, in one of his best performances to date, is especially comic and appealing as René, a good, practicing Catholic, a stalwart fellow who has left the family farm to make a career in industry, who has a decent wife and family and an unquestioned faith in the future, a fellow who is, in short, totally unprepared for the stresses and strains when they come. Being a civilized man, René doesn't fight back. He develops ulcers, a perfect disability for a man whose hobby is haute cuisine.

Jean, the politician, doesn't hesitate to leave his wife and children when he falls in love with Janine, but all the time he's living with Janine he is plagued by kidney stones. When Jean's wife comes to Janine and says she's dying of cancer, Janine sends Jean back to his wife, only to learn later that she's been tricked. Emotional blackmail is the common currency of their lives.

Almost any description of "Mon Oncle d'Amérique" tends to make it sound solemn though, in fact, it's immensely good-humored and witty. Mr. Resnais and Jean Gruault, the screenwriter (whose credits include "Jules and Jim", "The Wild Child" and "Les Carabiniers" among others), neither patronize their characters nor make fun of them. They appreciate them and sympathize with their tangled lives even as we see René, Jean and Janine behaving with the predictability of laboratory mice.

Miss Garcia is charming as the spunky, seemingly independent Janine, whose finally acknowledged fury with her lover brings the movie to a liberating conclusion. Even Roger-Pierre's Jean, the only character in the film who is essentially nasty, is comic in the righteous way he attempts to justify self-absorption.

"Mon Oncle d'Amérique" is Mr. Resnais' most successful film in years, his best since "La Guerre est Finie" in 1966. It brightens a truly dreary season.

The New York Times (December 17, 1980).

POLITICS

1. ENTRETIEN AVEC MADAME N. QUESTIAUX, MAITRE DES REQUETES AU CONSEIL D'ETAT*

****Vous travaillez au Conseil d'Etat et vous connaissez les difficultés que rencontrent les femmes dans la fonction publique. Parallèlement vous militez au sein du Parti Socialiste et jouez un rôle important dans cette organisation politique. Pouvez-vous dire et surtout comparer les difficultés que vous avez rencontrées, en tant que femme, dans la fonction publique et dans la vie politique?

****La grande différence en ce qui concerne la position de la femme réside dans le point de savoir s'il existe ou non des règles concernant le fonctionnement de l'organisation en question et notamment le système de recrutement.

Dans la fonction publique, les règles sont bel et bien écrites: l'égalité des hommes et des femmes est garantie par la constitution et la jurisprudence défend et fait respecter ces droits. Les "règles du jeu" sont écrites. Le recrutement se fait le plus souvent par concours.

La femme n'y est pas discriminée. Mais c'est au niveau des promotions que le traitement peut être très différent. Ainsi, si au Conseil d'Etat, l'avancement est fonction de l'ancienneté, c'est d'après le choix des supérieurs que la nomination s'effectue dans l'administration active. Et là, la femme doit se battre, puisqu'il est facile de ne pas la choisir sans dire pourquoi.

Restent alors les instruments de défense tels que le recours en justice et les syndicats: le recours en justice aboutit souvent à un jugement favorable car des règles existent. Mais il est toujours ennuyeux de plaider. Les syndicats sont là pour lutter de façon différente: les femmes prennent davantage de responsabilité dans la vie syndicale et combattent les diverses formes d'inégalité. Il est à noter, d'ailleurs, que la proportion de femmes syndiquées dans le secteur public semble supérieure à celle des travailleurs du privé.

Pourtant, dans le privé, qui n'est guère en avance, les difficultés sont plus nombreuses; nous voyons, en effet, la main-d'oeuvre féminine connaître une spécialisation croissante, des métiers de plus en plus aliénants et prolétarisés, des différences énormes par rapport aux hommes, au niveau des salaires et de la promotion.

---

*maître des requêtes—magistrat qui fait office de rapporteur au Conseil d'Etat.

La solution pour ces travailleuses est dans la lutte syndicale, dans les syndicats qui doivent reprendre les aspirations féminines. Or, leurs luttes se heurtent à la politique du personnel dans les entreprises.

Ainsi, la comparaison des salaires masculins et féminins est extrêmement difficile à faire. Si la loi exige qu'à travail égal corresponde un salaire égal, il est bien rare de trouver, dans la réalité, des tâches véritablement équivalentes. Il y a là la nécessité d'un énorme travail de reclassement des postes de travail et de redéfinition de certains CAP* féminins. Tout, en effet, revient souvent à un problème de formation professionnelle et d'inadaptation avec le travail effectué.

Femmes et Organisations. Paris: Hautes
Etudes Commerciales, 1976, p. 15.

2. UNE CERTAINE IDEE DE LA FRANCE

Toute ma vie, je me suis fait une certaine idée de la France. Le sentiment me l'inspire aussi bien que la raison. Ce qu'il y a en moi d'affectif imagine naturellement la France, telle la princesse des contes ou la madone aux fresques des murs, comme vouée à une destinée éminente et exceptionnelle. J'ai, d'instinct, l'impression que la Providence l'a créée pour des succès achevés ou des malheurs exemplaires. S'il advient que la médiocrité marque pourtant, ses faits et gestes, j'en éprouve la sensation d'une absurde anomalie, imputable aux fautes des Français, non au génie de la patrie. Mais aussi, le côté positif de mon esprit me convainc que la France n'est réellement elle-même qu'au premier rang; que, seules, de vastes entreprises sont susceptibles de compenser les ferments de dispersion que son peuple porte en lui-même; que notre pays, tel qu'il est, parmi les autres, tels qu'ils sont, doit, sous peine de danger mortel, viser haut et se tenir droit. Bref, à mon sens, la France ne peut être la France sans la grandeur.

Cette foi a grandi en même temps que moi dans le milieu où je suis né. Mon père, homme de pensée, de culture, de tradition, était imprégné du sentiment de la dignité de la France. Il m'en a découvert l'histoire. Ma mère portait à la patrie une passion intransigeante à l'égal de sa piété religieuse. Mes trois frères, ma soeur, moi-même avions pour seconde nature une certaine fierté anxieuse au sujet de notre pays. Petit Lillois de Paris, rien ne me frappait davantage que les symboles de nos gloires: nuit descendant sur Notre-Dame, majesté du soir à Versailles,

---

*CAP—certificat d'aptitude professionnelle que l'on obtient après trois ans d'études dans un CET (College d'Enseignement Technique).

Arc de Triomphe dans le soleil, drapeaux conquis frissonnant à la voûte des Invalides. Rien ne me faisait plus d'effet que la manifestation de nos réussites nationales: enthousiasme du peuple au passage du tsar de Russie, revue de Longchamp, merveilles de l'Exposition, premiers vols de nos aviateurs. Rien ne m'attristait plus profondément que nos faiblesses et nos erreurs révélées à mon enfance par les visages et les propos: abandon de Fachoda*, affaire Dreyfus†, conflits sociaux, discordes religieuses. Rien ne m'émouvait autant que le récit de nos malheurs passés: rappel par mon père de la vaine sortie du Bourget et de Stains, où il avait été blessé; évocation par ma mère de son désespoir de petite fille à la vue de ses parents en larmes: "Bazaine‡ a capitulé".

Charles de Gaulle. *Mémoires de Guerre I.*
L'Appel 1940-42. Paris: Plon, 1954, pp. 1-2.

3. M. GISCARD D'ESTAING ET LE PROGRAMME DES REPUBLICAINS INDEPENDANTS

Quelles sont les orientations principales de notre action? Elles tiennent essentiellement dans notre souci de représenter au sein de la majorité l'élément centriste, libéral et européen.

Les Républicains Indépendants sont centristes. Cela signifie d'abord qu'ils sont dédaigneux des mythes qui font les délices des formations politiques extrêmes, mais soucieux des réalités qui commandent l'adaptation de la Nation aux exigences de l'avenir. Cela veut dire aussi qu'ils refusent un aspect partisan au profit d'un esprit ouvert. On ne peut organiser la vie politique à partir de vues fragmentaires.

Les Républicains Indépendants ne veulent pas être le parti d'une classe, d'une caste, mais le catalyseur d'un regroupement des modérés où chaque milieu social se sente à l'aise . . .

Cela signifie enfin qu'ils veulent une gestion moderne, dynamique et efficace des affaires publiques. Ils souhaitent à cet égard l'utilisation systématique des progrès considérables accomplis tant dans les techniques de prévision que dans les méthodes de gestion.

Les Républicains Indépendants sont libéraux, au sens politique du terme. Cela implique avant tout la recherche du dialogue, nécessaire

---

*Fachoda—mission française du Soudan que les français ont dû redonner aux anglais en 1898.

†Dreyfus—officier juif accusé de trahison dont la condamnation en 1894 a eu un effet de scandale sur l'opinion publique. Gracié en 1899, réhabilité en 1906.

‡Bazaine—maréchal de France qui a capitulé à Metz en octobre 1870.

44

pour expliquer et pour apprendre, et qui correspond à une aspiration certaine de l'opinion. Pour favoriser ce dialogue, il convient d'abord d'améliorer la politique de l'information. Naturellement, il n'est pas agréable, pour les hommes d'Etat, d'entendre la critique, mais c'est une nécessité. Plus la critique se développe, plus l'opinion réfléchit et c'est sans doute, la voie d'un accord collectif sur la règle du jeu qui nous fait encore défaut.

Il convient d'autre part, d'assurer la revalorisation de la fonction parlementaire. Il s'agit en effet d'attirer les élites de la nation à la vie publique en leur offrant des responsabilités à la mesure de leurs qualités. Il faut donc ne pas craindre de rendre au débat parlementaire son importance.

Dans la mesure où l'unique objectif du Parlement était de renverser le Gouvernement, la méfiance était légitime et conduisait à limiter le contenu de la fonction législative. Mais quand la crise gouvernementale est devenue exceptionnelle et que le Législatif est désireux de collaborer avec l'Exécutif pour une action constructive, le débat parlementaire doit retrouver toute son importance.

Européens, les Républicains Indépendants considèrent que la construction économique et politique de l'Europe est une œuvre essentielle et que la France doit jouer en ce domaine un rôle de catalyseur des forces d'unité. Nous sommes pour l'Europe, car c'est un mouvement naturel et irréversible. Les aires nationales sont inadaptées aux problèmes de notre temps. Quand on franchit les frontières, on a le sentiment de leur vétusté, sentiment que l'on devait avoir jadis en franchissant les octrois.

E. Cahn. *Politics and Society in Contemporary France (1789-1971).* *A Documentary History.* London: Harrap, 1972, pp. 315-6.

4. L'EUROPE POLITIQUE

Dans l'esprit des "pionniers" de l'unification européenne, comme celui des gouvernements qui se sont engagés dans cette voie, l'objectif à atteindre est l'Europe politique; cette préoccupation transparaît dans les préambules des principaux traités, même si ceux-ci ont un but plus restreint de caractère économique ou militaire: le traité de Rome* instituant le Marché commun rappelle que les signataires sont *déterminés à établir les fondements d'une union sans cesse plus étroite entre les*

---

*Traité de Rome signé en août 1957. Le Marché commun est appelé aussi la Communauté Economique Européenne (CEE). Elle comprend 10 membres. La Grèce en fait partie depuis le 1 janvier 1981.

peuples européens. Certes, cet idéal d'une union plus étroite était également inscrit dans le statut du Conseil de l'Europe, mais la grande disparité des pays qui le composent, la présence, parmi eux, d'Etats neutres comme la Suède, l'Autriche ou la Suisse, l'influence de la Grande-Bretagne qui a été très longtemps opposée à toute forme d'union européenne qui limiterait tant soit peu sa souveraineté ont fait de cet idéal un voeu pieux.

Il était donc tout naturel que les Six de la Communauté européenne, qui ont fait montre d'une détermination plus grande à s'associer, recherchent entre eux le moyen de prolonger leur union économique par une union politique.

Cette union, quelle forme peut-elle prendre? Fédération ou confédération? Les deux thèses s'affrontent depuis vingt ans.

La fédération comprend un gouvernement fédéral supérieur aux gouvernements nationaux et auquel sont dévolus, une fois pour toutes, par la Constitution fédérale, certaines compétences (diplomatie, défense, monnaie . . .) et les pouvoirs de les assumer. Un Parlement, composé généralement de deux chambres (une chambre représentant les Etats sur une base d'égalité et une seconde chambre représentant l'ensemble du peuple fédéral) contrôle le gouvernement fédéral. Les gouvernements nationaux continuent à exercer, en toute autonomie, les compétences dont ils ne se sont pas dessaisis au profit de l'échelon européen. Une citoyenneté commune symbolise l'appartenance des différents peuples à la fédération.

Au contraire, la confédération n'est qu'une association d'Etats; ceux-ci conservent la plénitude de leur souveraineté. Les décisions d'intérêt commun sont prises, le plus fréquemment à l'unanimité, par un conseil composé de représentants des Etats membres, chaque Etat ayant, quasiment, un droit de veto. Le contrôle démocratique, au niveau de la confédération, des décisions du conseil, est inexistant ou médiocre. L'application des mesures adoptées est laissée à discrétion des gouvernements nationaux. Il n'y a pas de citoyenneté commune.

On peut dire, pour simplifier, que la formule fédérale est celle qui a été défendue par les mouvements européens—notamment par les mouvements fédéralistes—et adoptée par les gouvernements de la IV République, en particulier par Robert Schumann; alors que seule une union de type confédéral est apparue acceptable pour le général de Gaulle.

INSEE. *Dossier tendance de la conjoncture* No. 10 (août 1969).

5. LE PROJET QUEBECOIS

Il s'agit d'un peuple qui, pendant longtemps, s'est contenté pour ainsi dire de se faire oublier pour survivre. Puis il s'est dit que, pour durer valablement, il faut s'affirmer. Et ensuite que, pour bien s'affirmer, il peut devenir souhaitable et même nécessaire de s'affranchir collectivement. Il est donc arrivé, il y aura un an dans quelques jours, qu'un parti soit porté au pouvoir, dont la raison d'être initiale, et toujours centrale, est justement l'émancipation politique. Et quoi qu'on ait prétendu et qu'on prétende encore dans certains milieux qui n'ont guère prisé l'événement, les électeurs savaient fort bien ce qu'ils faisaient; ils n'étaient ni ignorants, ni distraits. Et bien des gens, même chez ceux qui s'y opposaient, ont ressenti une grande fierté de cette victoire sur le chantage propre à tous les régimes qui se sentent menacés.

Il est donc de plus en plus assuré qu'un nouveau pays apparaitra bientôt démocratiquement sur la carte, là où jusqu'à présent un Etat fédéral aurait bien voulu n'apercevoir qu'une de ses provinces parmi d'autres, et là où vit la trés grande majorité de ceux que vous appelez souvent "les Français du Canada": expression dont la simplicité, qui rejoint quelque chose d'essentiel, est pourtant devenue trompeuse en cours de route.

Mais commençons par tout ce qu'elle conserve d'authentiquement vrai. Sur quelque 2.000 kilomètres du nord au sud et plus de 1.500 de l'est à l'ouest, le Québec est, physiquement, la plus grande des contrées du monde dont la langue officielle soit le français. Plus de quatre sur cinq de ses habitants sont d'origine et de culture françaises. Hors de l'Europe, nous formons donc la seule collectivité importante qui soit française de souche. Nous pouvons, tout comme vous, évoquer sans rire nos ancêtres les Gaulois! Et, comme nous ne sommes pourtant que six millions au coin d'un continent comptant quarante fois plus d'anglophones, même qu'il nous advient de nous sentir cernés comme Astérix dans son village . . . et de songer aussi que l'Amérique du Nord tout entière aurait fort bien pu être gauloise plutôt que . . . néo-romaine . . .

Quand j'étais petit gars, comme tous les enfants, j'avais mon héros personnel, que j'ai sûrement partagé avec d'innombrables jeunes Quebecois. Il s'appelait Pierre Lemoyne d'Iberville. De tous ceux qui, par des froids polaires comme des chaleurs torrides, sillonnèrent le Nouveau-Monde, il fut sans doute le plus fulgurant. Si son théâtre d'opérations n'avait pas été ses lointains espaces, ou encore la vieille France, on me permettra de le dire, eût-elle été un peu moins exclusivement rivée à l'Europe, vous auriez aujourd'hui une multitude de petits Français qui rêveraient eux aussi à d'Iberville.

René Lévêque, "Le Projet Quebecois", *L'Action Nationale* (1978), p. 343.

6. THE FIFTH REPUBLIC

The Fifth Republic began life as one intended by all but a small number of convinced Gaullists to be only temporary. It also became in some ways a Republic of illusions and a Republic of myths, though the illusions were those of General de Gaulle rather than of Parliament or parties. Its institutions were intended by him to provide an instrument by which new constitutional and political habits could be created. And his leadership was intended to make possible a foreign policy that would restore as much as could be achieved of France's historic role as one of the great powers and give her a dominant place in Europe. Neither of these aims was achieved, though the myths of French power and greatness on which foreign policy was based served at least the useful purpose of recreating a national confidence badly shaken by the events of 1939 to 1945 and by the apparently insoluble post-war problems.

The Fifth Republic certainly created new political habits, though not those that General de Gaulle had hoped to see. The acceptance by the Left of the system of presidential election by universal suffrage was not due to any general conversion to General de Gaulle's constitutional theories, but to the establishment of *de facto* presidential power to be based on universal suffrage. The presidency thus became more than a rival power citadel to Parliament. It became the primary prize in the political battle. The result was that elections and electoral tactics played an even larger role than before which was the exact opposite of what General de Gaulle had intended.

D. Pickles. *The Government and Politics of France, II.*
London: Methuen, 1973, pp. 342-3.

7. DIFFICULT TIMES AHEAD FOR FRANCE

Many observers predict a difficult time ahead for France. The dependence on imported supplies of energy and a worry that the forces of inflation may, despite the efforts of the President and his Prime Minister Barre, prove too strong, lead some to suppose that France will enter economically troubled times. Against that pessimistic view, it is important not to forget that the French state machine, expertly staffed, has been a good deal more effective in the Fifth Republic than most democracies at making policy decisions and seeing that they are implemented. Of considerable help has been the fact that France, unlike Great Britain or the United States, has not yet had the problem of interest groups acquiring a virtual power of veto over large areas of public policy. In this

48

respect French democracy differs from the Anglo-Saxon version of a pluralist society. President Giscard d'Estaing in his book pleads for a genuinely pluralist and liberal society based on restraint and tolerance. Groups that push their demands to an excessive extent are committing "an act of social violence". Up to now, however, except in sporadic outbursts like May 1968, "acts of social violence" have had remarkably little impact on the capacity of the government to govern.

J.R. Frears. Political Parties and Elections in the French Republic.
New York: St. Martin's Press, 1977, p. 260.

8. THE PARTI COMMUNISTE FRANCAIS

The P.C.F., as Lavau, Tiersky and others have pointed out, plays many parts in French political life. It sees itself and is seen by others in a variety of roles. In certain periods of its history it has emphasized its "vanguard of the proletariat" and its sectarian "counter community" aspects. These periods are associated with truculent isolation from the French political system, and with hard-line Soviet policies towards the West. The cold war period from 1947 to the late 1950's was an example. Tiersky has convincingly argued that these aspects, while not disappearing as we have seen from our references to the 22nd Congress in 1976, are turned aside Janus-like to reveal a more conciliatory face. In conciliatory mood, the P.C.F. stresses two particular roles. One is its role as a party of government, which it plays responsibly and effectively at municipal level. Laying claim to a share in national government, it extends the hand of cooperation to non-Communist parties of the Left, accepts the modification of its Leninist myths, and undertakes to respect the rules of the liberal-democratic game. To underline this it augments its criticism of illiberal undemocratic practices in the Soviet Union and Eastern Europe. Its final role, as a relatively integrated part of the French political system, is as "tribune" . . . It is as tribune on behalf of the workers and the lower-paid that the P.C.F. criticises government policy on unemployment, prices, wages, housing or social security. It is as tribune that the P.C.F. takes up the cause of the subsistence peasant farm. It is as tribune that the P.C.F. is associated with the toughest and strongest union, the C.G.T.*. . . It is as tribune and would-be government party that the P.C.F. has repeatedly made clear over the past few years that the peace-·ful transformation of society and not the violent overthrow of capitalism

---

*C.G.T.—Confédération Générale du Travail. Largest French trade union organization, founded in 1895.

is its objective—though of course it remains haunted by "a lingering nostalgia for its distinctive if no longer revolutionary mission."
J.R. Frears. *Political Parties and Elections in the French Republic.*
New York: St. Martin's Press, 1977, pp. 151-3.

9. QUEBEC SEPARATISM

Nor would the separation of Quebec contribute in any fashion to the confidence of many cultural minorities of various origins who dwell throughout Canada. These communities have been encouraged for decades to retain their own identities and to preserve their own cultures. They have done so and flourished, nowhere more spectacularly than in the prairie provinces of Alberta, Saskatchewan and Manitoba. The sudden departure of Quebec would signify the tragic failure of our pluralist dream, the fracturing of our cultural mosaic, and would likely remove much of the determination of Canadians to protect their cultural minorities.

Problems of this magnitude cannot be wished away. They can be solved, however, by the institutions we have created for our own governance. Those institutions belong to all Canadians, to me as a Quebecer as much as to my fellow citizens from the other provinces. And because those institutions are democratically structured, because their members are freely elected, they are capable of reflecting changes and of responding to the popular will.

I am confident that we in Canada are well along in the course of devising a society as free of prejudice and fear, as full of understanding and generosity, as respectful of individuality and beauty, as receptive to change and innovation, as exists anywhere. Our nation is the very encounter of two of the most important cultures of western civilization, to which countless other strains are being added.

Most Canadians understand that the rupture of their country would be an aberrant departure from the norms they themselves have set, a crime against the history of mankind: for I am immodest enough to suggest that a failure of this always-varied, often-illustrious Canadian experiment would create shock waves of disbelief among those all over the world who are committed to the proposition that among men's noblest endeavors are those communities in which persons of diverse origins live, love, work and find mutual benefit.

An Address by Pierre Elliott Trudeau Prime Minister of Canada
to the Joint Meeting of the House of Representatives and the
Senate of the United States 22 February 1977, p. 3.

10. THE PRESIDENCY OF FRANCOIS MITTERAND

The only safe prediction about the presidency of François Mitter-rand is that predictions will be unsafe.... That having been said, there is one clear gain for France in the fact that Mr. Mitterrand has captured the presidency, and one clear danger for the democratic world in the way he may use it. The clear gain is that, after 23 years under right-of-center governments, France has shown that it can cross over to the left by the ballot-box rather than by violence in the streets. Since there are plenty of things in France that need changing, the pendulum that got stuck had to come unstuck sooner or later.

... The clear danger is that Mr. Mitterrand's victory may be the signal of a new period of instability in European politics. For the past eight years, since the oil-price rise of 1973 sent inflation and unemployment soaring, the industrial world has reacted to economic tribulation with astonishing political coolness. A week ago, of the 19 countries of non-communist Europe, 12 had the same sort of government as they had in 1973; three had moved slightly rightwards (Holland, Ireland and Sweden); three had moved from authoritarian regimes to right-of-center democratic ones (Spain, Portugal and Greece); and only the 19th, Turkey, had for the moment slipped out of democracy. Now France has shifted left.

... In normal circumstances, for Europe to start looking leftwards would cause no qualms. But circumstances are not normal. The attitudes feeding the new resurgence of the left—frustration with unemployment, naivety about Russia, a vague despair about "society", a neo-Luddite rejection of all things nuclear—are in danger of producing bad policies which will do nothing to solve the problems of the 1980s. Carried far enough, they could endanger the survival of democratic Europe.

The Economist (May 16-22 1981), p. 12.

ADMINISTRATION

1. LA CONSTITUTION CONGOLAISE (EXTRAITS)

Titre 1er

ARTICLE 1er—Le Congo, Etat souverain et indépendant est une République Populaire, une, indivisible, laïque, dans laquelle tout le pouvoir émane du Peuple et appartient au Peuple.

ARTICLE 2—La souveraineté réside dans le Peuple, et du Peuple émanent tous les pouvoirs publics à travers un Parti unique, le Parti Congolais du Travail, forme suprême de l'organisation politique et sociale de notre Peuple. Son organisation est définie dans ses statuts.

ARTICLE 3—En dehors des organes du Parti, les masses populaires exercent le pouvoir au moyen des organes représentatifs du pouvoir de l'Etat constitués par les Assemblées Populaires. Ces organes sont élus librement par le Peuple depuis les Conseils populaires des Communes et des Régions jusqu'à l'Assemblée Nationale.

ARTICLE 4—Tous les organes représentatifs du pouvoir d'Etat sont élus par les citoyens au suffrage universel direct égal et au scrutin secret.

ARTICLE 5—Dans tous les organes du pouvoir de l'Etat, les représentants du Peuple sont responsables devant les organes du Parti.

Ils sont tenus de s'appuyer sur le peuple, de se tenir en liaison étroite avec le peuple, d'écouter ses avis et de se soumettre à son contrôle . . .

Titre II
Des libertés publiques et de la personne humaine

ARTICLE 7—La personne humaine est sacrée. L'Etat a l'obligation de la respecter et de la protéger.

Chaque citoyen a droit au libre développement de sa personnalité dans le respect des droits d'autrui et de l'ordre public.

La liberté de la personne humaine est inviolable. Nul ne peut être inculpé, arrêté ni détenu, que dans les cas determinés par la loi promulguée antérieurement à l'infraction qu'elle réprime.

ARTICLE 8—Le domicile est inviolable. Il ne peut être ordonné de perquisition que dans les formes et conditions prévues par la loi.

ARTICLE 9—Le secret des lettres et de toute autre forme de correspondance ne peut être violé, sauf en cas d'enquête criminelle, de mobilisation, d'état de guerre.

ARTICLE 10—Aucun citoyen ne peut être interné sur le territoire national sauf dans les cas prévus par la loi.

ARTICLE 11—Tous les citoyens congolais sont égaux en droit. Tout acte qui accorde des privilèges à des nationaux ou limite leurs droits en raison de la différence d'ethnie, d'origine ou de religion est contraire à la Constitution et puni des peines prévues par la loi.

Tout acte de provocation ou toute attitude visant à semer la haine et la discorde entre les nationaux est contraire à la Constitution et puni des peines prévues par la loi.

Afrique Contemporaine No. 107 (janvier-février 1980).

2. LES ORGANES DE FORMATION DES FONCTIONNAIRES

L'Ecole nationale d'administration, elle aussi créée en 1945 sur la suggestion de M. Debré, a également inspiré les réformateurs étrangers. La description de cette institution dépasse le cadre de cet ouvrage, d'autant qu'elle a subi depuis sa création d'importantes réformes en 1958 et 1972 et que l'on a pu parler de trois écoles successives. Du point de vue qui nous intéresse, l'Ecole, créée sous forme d'établissement public autonome, et dotée d'un conseil d'administration, n'en constitue pas moins un service du Premier ministre. Mais, service personnalisé, elle reçoit une subvention globale, de 70 millions de francs en 1979, simplement ventilée en:

—crédits de personnel (y compris les traitements des élèves) 63542237
—crédits de matériel et fonctionnement   6787272

L'intérêt du Premier ministre pour cette institution ne s'est jamais démenti, même si la tutelle de l'Ecole est confiée à la Direction de la Fonction publique et au ministre ou secrétaire d'Etat en charge de la Fonction publique. La présence au colloque du 30e anniversaire de l'ENA d'un Premier ministre, M. Jacques Chirac, lui-même ancien élève de cette école, était saluée par l'ancien directeur M. Pierre Racine comme répondant "à la nature des choses". Aussi bien la question du rattachement de l'Ecole à un ministre autre que le chef du Gouvernement—et qui ne pourrait être que le ministre des Universités—ne s'est-elle jamais posée: tant dans son conseil d'administration que dans sa direction, son corps enseignant ou ses jurys, l'ENA a toujours su établir un amalgame heureux entre universitaires et praticiens du Gouvernement et de l'administration.

De création plus récente (loi du 3 décembre 1966 et décret du 13 mai 1970), les instituts régionaux d'administration constituent à l'échelon régional, et pour le recrutement du niveau immédiatement inférieur (attachés d'administration centrale notamment), le pendant de l'Ecole nationale d'administration à laquelle ils empruntent de nombreux traits aussi bien en ce qui concerne les structures que le recrutement ou les programmes. Création de M. Long quand il était Directeur général de la Fonction publique, ils restent très intimement liés à Matignon,* malgré leurs implantations géographiques déconcentrées à Lille, Nancy et Metz.

Enfin, dans le domaine de la formation et du perfectionnement des fonctionnaires étrangers, l'Institut international d'administration publique créé par décret du 2 décembre 1966, constitue également un service du Premier ministre qui a cependant l'originalité de faire participer à des conseils de perfectionnement les ambassadeurs des pays qui lui confient des stagiaires, et qui a nécessairement des liens très étroits avec les ministères des Affaires étrangères et de la Coopération†, le recrutement de ces stagiaires s'effectuant par le canal des services culturels des ambassades de France à l'étranger. En outre, l'IIAP a des liens privilégiés avec les universités parisiennes auprès desquelles ses stagiaires peuvent préparer un doctorat de troisième cycle. Ces particularités notées, l'IIAP présente d'incontestables analogies avec l'ENA, tant dans ses structures que dans ses programmes.

Notes et Etudes Documentaires Nos. 4537-8 (1er décembre 1979).

3. CONDITIONS SANITAIRES DES ETABLISSEMENTS ET CENTRES DE PLACEMENT

Conditions sanitaires des établissements et centres de placement hébergeant des mineurs à l'occasion des vacances scolaires, des congés professionnels et des loisirs.

Article premier—Les articles 25, 26, 27, 28, 29, 30, 31 et 36 de l'arrêté du 25 février 1977 susvisé sont modifiés ainsi qu'il suit:

I. Conditions d'admission dans les établissements de vacances

Article 25
Aucun mineur ne peut être admis dans un établissement de vacances

---

*Matignon—résidence du Premier Ministre français.

†la Coopération—forme de service national qui fournit une aide culturelle ou scientifique aux pays étrangers qui le demandent. Service qui peut être rapproché du Peace Corps américain.

dont le séjour est soumis à déclaration s'il n'a pas satisfait aux obligations légales relatives aux vaccinations, à moins qu'une contre-indication médicale ne l'en ait dispensé.

Article 26
Pour les centres de vacances dans lesquels les mineurs pratiquent la compétition sportive ou une activité physique ou sportive à risques (plongée, escalade, montagne, spéléologie), un certificat médical préalable à la pratique des activités physiques ou sportives proposées sera exigé.

En seront dispensés les mineurs qui, dans les douze mois écoulés:

—ont été classés dans les catégories I et II après contrôle médical scolaire en matière d'éducation physique et sportive

—ou ont obtenu le certificat annuel d'aptitude à la pratique des sports de compétition dans les catégories correspondantes.

Article 27
Pour être admis dans un établissement ou dans un centre de placement de vacances soumis à declaration, les mineurs doivent être pourvus d'une fiche sanitaire de liaison remplie par les personnes détenant l'autorité parentale ou la tutelle de l'enfant et portant les indications suivantes:

—mention des antécédents pathologiques et des réactions éventuelles à certains médicaments ou aliments

—date des vaccins obligatoires et d'injections éventuelles de sérum antitétanique

—mention des précautions spéciales à prendre pour certains exercices physiques.

Article 28
En fin de séjour, tous les documents sanitaires et médicaux qui ont été mis à la disposition du directeur de l'établissement ou du centre de placement sont restitués à la famille.

Article 29
Les documents prévus aux articles 26 et 27 peuvent être remplacés par la fiche sanitaire de liaison "santé scolaire" centre de vacances établie par le médecin scolaire.

Article 30
Pour les séjours non soumis à déclaration, les parents sont invités à faire connaître par écrit, aux organisateurs de ces séjours, les prescriptions médicales qui pourraient concerner le régime alimentaire ou la pratique de certaines activités.

Article 31

Toute personne appelée à participer au fonctionnement d'un établissement de vacances doit avoir subi au préalable un examen médical. Celui-ci comportera un examen radiographique ou radio-photographique du thorax, à moins que le candidat ne soit en possession du résultat d'un examen radiologique antérieur du même type, datant de moins de deux ans et certifiant l'absence de toute affection tuberculeuse.

Bulletin Officiel No. 19 (15 mai 1980).

4. PROCES-VERBAL D'UNE SEANCE DU CONSEIL SUPERIEUR DE L'EDUCATION NATIONALE

Conseil supérieur de l'Education nationale: Section permanente du lundi 10 mars 1980

Procès-verbal analytique

La section permanente du Conseil supérieur de l'Education nationale s'est réunie le lundi 10 mars 1980 à 15h 30 au ministère sous la présidence de M.P. Delorme, recteur de l'Académie d'Orléans-Tours, chancelier des universités.

Elle a procédé à l'examen de l'ordre du jour ci-après:

—Projet de décret portant modification du décret n. 65—1053 du 19 novembre 1965 modifié, relatif au Conseil supérieur de l'Education nationale et aux conseils d'enseignement.

Après présentation du projet de décret par le rapporteur, le représentant de la Fédération des conseils de parents d'élèves a regretté que la représentation des organisations de parents d'élèves du Conseil supérieur de l'Education nationale n'ait pas été reconsidérée, en tenant compte de la représentativité de chacune de ces organisations.

Le représentant du SNESup s'est associé à cette observation. Par ailleurs il a été suggéré qu'à l'occasion des modifications envisagées par le projet de décret pour tenir compte des nouvelles structures du ministère de l'Education et du ministère des Universités, il en soit fait de même éventuellement pour d'autres ministères également concernés.

Sous le bénéfice de cette observation, le projet de décret mis aux voix par le président a recueilli un avis favorable moins deux abstentions.

58

Après que les représentants élus à la section permanente du Conseil se soient retirés du Conseil, il a été procédé à l'examen de mesures d'ordre individuel.

1. Demandes d'autorisation d'enseigner présentées par des étrangers.

Toutes les demandes ont reçu un avis favorable, l'une d'entre elles ayant été retenue sous certaines conditions.

2. Demandes de dispense en vue de diriger un établissement d'enseignement secondaire privé.

Deux demandes ont reçu un avis favorable, une demande a reçu un avis défavorable.

Bulletin Officiel No. 18 (8 mai 1980).

5. RAPPORTS ACADEMIQUES DE VIE SCOLAIRE
Circulaire no. 80—193 du 5 mai 1980
Programmation et Coordination: bureau DGPC/6

Texte adressé aux recteurs

Les rapports académiques de vie scolaire, que les cellules placées auprès de vous ont été chargées d'établir conformément aux dispositions de la circulaire no. 73—1078 du 25 octobre 1973, constituent une source d'information sur les différents aspects de la vie des communautés scolaires dont la connaissance revêt pour l'administration centrale une importance qu'il n'est pas besoin de souligner.

L'analyse de ces documents a cependant mis en lumière leur très grande hétérogénéité. C'est pourquoi, afin qu'une exploitation méthodique puisse être faite par mes services de ces rapports et que tout le profit utile puisse en être tiré, il m'apparaît nécessaire d'en préciser le contenu et la forme ainsi que la méthodologie qui devra présider à leur élaboration.

Je rappelle tout d'abord que ces rapports, qui seront établis tous les semestres, doivent être adressés respectivement à la direction générale de la Programmation et de la Coordination, aux directions d'enseignement concernées, à la direction de l'Administration générale et des Personnels administratifs, à l'Inspection générale de la vie scolaire ainsi que, pour information, à l'inspecteur pédagogique régional de vie scolaire. Ces documents comprendront à l'avenir deux parties.

La première, dont la forme sera libre, traitera des principaux aspects de la vie scolaire dans les établissements de l'académie, telle qu'elle apparaît à partir des données collectées, en faisant ressortir les points les plus marquants. Cette note d'ensemble devra permettre de saisir aussi bien les problèmes majeurs et les difficultés importantes rencontrés que les initiatives prises ou amorces d'évolution susceptibles d'aider à prévoir et préparer l'avenir.

La seconde partie portera sur un thème qui vous sera indiqué chaque année en temps utile par les directions d'enseignement concernées, ce thème pouvant éventuellement être commun aux lycées et collèges. L'étude demandée devra permettre de dégager des observations, si possible quantifiables, susceptibles d'être recueillies, en temps de besoin, à partir de grilles d'analyse. Le canevas de celles-ci sera établi par mes services en liaison avec les responsables des cellules rectorales de vie scolaire au cours de réunions organisées à cet effet.

A cet égard, je tiens à souligner l'importance qui s'attache, sur le plan de la méthode, à ce que soient clairement indiquées, pour toutes les informations données, dans la première comme dans la seconde partie du rapport, les sources d'où elles proviennent, et à ce que les références soient mentionnées dans chaque cas. Je précise que ces sources peuvent être diverses, compte tenu précisément des relations que les responsables des cellules sont amenés à établir dans l'exercice de leur mission tant avec les établissements qu'avec les autres services académiques.

S'agissant des données collectées auprès des établissements, celles-ci peuvent en effet être tirées, soit de documents tels les procès-verbaux des conseils d'établissement, les rapports annuels qu'il a été demandé, par circulaire no. IV 70-155 du 19 mars 1970 aux chefs d'établissement, d'établir en vue de dresser le bilan de l'année écoulée, soit également des contacts directs que les responsables des cellules peuvent avoir avec les chefs d'établissement.

Par ailleurs, les autres sources d'information pourront être recherchées auprès des inspecteurs d'académie, directeurs des services départementaux de l'Education, des équipes académiques de vie scolaire, de l'inspecteur principal de l'enseignement technique, de l'inspecteur pédagogique régional de vie scolaire, des services administratifs rectoraux, notamment la division de la vie scolaire, etc.

Ainsi, par le développement de cette coordination, devraient pouvoir être assumées avec l'efficacité souhaitable les missions imparties dans ce domaine de la vie scolaire au plan académique en vue du recueil de l'information qui est nécessaire aussi bien à vous même qu'à l'administration centrale.

Bulletin Officiel No. 20 (22 mai 1980).

6. NUCLEAR INSTALLATION LIABILITY INSURANCE

Nature of Liability

14. In Western Europe, with but few exceptions, there is a long-established tradition of legislative action or judicial interpretation that a presumption of liability for hazards created arises when a person engages in a dangerous activity. Because of the special dangers involved in the activities within the scope of the Convention and the difficulty of establishing negligence in view of the new techniques of atomic energy, this presumption has been adopted for nuclear liability. Absolute liability is therefore the rule; liability results from the risk irrespective of fault (Articles 3 and 4). This does not, however, mean that merely to engage in a nuclear activity or to transport nuclear substances is to be considered in itself as a presumption of fault; but where an incident occurs, the liability of the operator of the nuclear installation concerned is absolute.

Person Liable—Installations

15. All liability is channeled onto one person, namely the operator of the nuclear installation where a nuclear incident occurs. Under the Convention, the operator—and only the operator—is liable for nuclear incidents at installations and no other person is liable. The Convention deals, of course, only with civil liability. The operator of a nuclear installation is defined as the person designated or recognized as the operator of that nuclear installation by the competent public authority (Article 1 (a)(vi). Where there is a system of licensing or authorization, the operator will be the licensee or person duly authorized. In all other cases he will be the person required by the competent public authority, in accordance with the provisions of the Convention, to have the necessary financial protection to meet third party liability risks. Thus, during test operation when a reactor, for the initial trial period, is normally operated by the supplier before being handed over to the person for whom the reactor was supplied, the person liable will be appropriately designated by the competent public authority. Where an action is brought, the court concerned will be bound to consider the operator as the person considered as the operator by the competent public authority of the country where the operator's installation is situated.

Convention on Third Party Liability in the Field of Nuclear Energy. Paris: O.E.C.D., Nuclear Energy Agency, 1974, pp. 41-3.

7. PRESIDENT'S COMMISSION FOR A NATIONAL AGENDA FOR THE EIGHTIES (extract)

By the authority vested in me as President by the Constitution of the United States of America, and by the Statutes of the United States of America, including the Federal Advisory Committee Act, 5 U.S.C. App. 1, and 3 U.S.C. 301, in order to establish an independent forum to recommend for the Nation an Agenda for the Eighties and to recommend approaches for dealing with the major issues which will confront the American people during that decade, it is ordered:

1.-1. Establishment and Structure

1-101. There is hereby established the President's Commission for a National Agenda for the Eighties.

1-102. The Commission shall be composed initially of fifty members appointed by the President from among private citizens of the United States. Upon the request of the Commission, the President shall select and appoint no more than fifty additional members.

1-103. The President shall designate the Chairperson of the Commission. The Chairperson, following consultations with Commission members, shall designate no more than fifteen members of the Commission to constitute an Executive Committee.

1-104. The members of the Commission shall not receive compensation for their service on the Commission, but may receive travel expenses, including per diem in lieu of subsistence.

1-2. Functions and Reports

1-201. Under the direction of the Executive Committee, the Commission shall identify and examine the most critical public policy challenges of the 1980's. It shall examine issues related to the capacity for effective Federal governance, the role of private institutions in meeting public needs, and underlying social and economic trends, as these issues bear on our public policy challenges in the 1980's. Areas to be reviewed by the Commission shall include:

(a) underlying trends or developments within our society such as the changing structure of our economy, the persistence of inflationary forces, demands on our natural environment, and demographic shifts within our population that will shape public choices in the 1980's;

(b) opportunities to enhance social justice and economic well-being for all our people in the 1980's;

(c) the role of private institutions, including the non-profit and voluntary sectors, in meeting basic human needs and aspirations in the future.
Executive Order 12168 of October 24, 1979.

8. FACULTY RESEARCH ABROAD: GOVERNMENT DIRECTIVES

No. 148.21 Scope

(a) Faculty members at eligible institutions may receive fellowships for periods of 3 to 12 months for research abroad in modern foreign languages and area studies.

(b) Awards will be granted only for research that could not be conducted in the United States or for which a foreign country or region provides significantly superior research facilities and materials.

(c) Awards under this subpart will not support dissertation research for the doctoral degree.

No. 148.22 Applications

(a) Each fiscal year eligible institutions may forward applications to the Commissioner for recommended faculty members for assistance under this subpart. Each application shall include information as to the faculty member's personal and academic background and proposed research project. The deadline date for receipt of proposals shall be announced annually by the Commissioner in the FEDERAL REGISTER.

(b) Eligible institutions are responsible for accepting, screening, and forwarding to the Commissioner those applications which meet the institution's technical and academic criteria.

(c) An "eligible institution" for the purpose of this subpart means an institution of higher education in any State which is accredited by a nationally recognized accrediting agency or association.

(d) Requests for information shall be sent to the Division of International Education, Office of Education, Washington, D.C. 20202.
Code of Federal Regulations. Higher Education Programs in Modern Foreign Language Training and Area Studies (1979).

9. NATIONAL INVENTORS' DAY, 1979

By the President of the United States of America

A Proclamation

The founding fathers in Section 8 of Article I of our Constitution provided that the Congress shall have the power to promote the progress of the useful arts by securing for a limited time to inventors the exclusive right to their discoveries.

The first Congress, pursuant to that Constitutional provision, enacted legislation providing inventors with such a right. That legislation became the first United States patent law, when it was signed by President George Washington on April 10, 1790.

With the knowledge that the patent system contributes significantly to technological progress for the benefit of mankind, the United States since then has continually and actively maintained a national patent system even in times of war and rebellion.

This incentive provided inventors has prompted millions of our people to apply great effort and valuable resources, often persevering in the face of seemingly insurmountable odds, to create, perfect and bring to the market-place many inventions which have made our labors more productive and which have contributed to our health and welfare.

The economic and technological preeminence which our Nation has known for many years and enjoys today is in large part due to the efforts of our inventors. This preeminence can be maintained by giving encouragement to their future efforts. In honor of the important role played by inventors in promoting progress in the useful arts and in recognition of the invaluable contribution of inventors to the welfare of our people, the 95th Congress, by House Joint Resolution 685, which I signed into law on October 14, 1978 (Public Law 95-463), designated February 11, 1979, as "National Inventors' Day".

February 11, 1979, is especially significant for celebration as National Inventors' Day because it is the anniversary of the birth of Thomas Alva Edison who one hundred years ago perfected and patented the first practical incandescent lamp, an invention which as we all know dramatically changed the way of life all over the world.

NOW, THEREFORE, I, JIMMY CARTER, President of the United States of America, do hereby call up and urge the people of the United States to honor all inventors by joining me in observing February 11, 1979, National Inventors' Day, with appropriate ceremonies and activities.

Proclamation 4635 of January 30, 1979.

10. TWA'S NEW FLIGHT CENTER AT JFK

Covering 82 acres, more than 20% of the terminal area of New York's John F. Kennedy International Airport, its combined architectural features are renowned among international travelers. The development of this major air terminal complex represents the most significant step taken by an airline at Kennedy Airport in recent years.

As the number one passenger carrier across the Atlantic and one of America's top domestic airlines, we at TWA understand the passengers' needs at a major international gateway. Our strong routes and unique location at JFK have permitted us to develop what we believe is the most convenient and comfortable air terminal at the premier U.S. gateway.

Our domestic services now operate a newly renovated adjoining terminal building, providing more comfort for both international and domestic passengers.

Here is the space and service you have come to expect of a major airline in New York: expanded exclusive customs facilities; convenient transfer between all gates, and easy access to restaurants, shops and, of course, the national and worldwide services of TWA's expert service staff. Add to this the convenience of New York helicopter service and the most compact regional and commuter connection network at any single airline terminal on the U.S. East Coast, and you have every reason to choose TWA at JFK.

You're flying TWA from Europe? It's easy. Clear Customs and drop your bag at our connection counter. If you continue on TWA or one of our resident carriers, it's an easy and quick trip to your domestic flight. Likewise, if you arrive on a domestic flight, baggage transfer is automatic and it's an easy transfer to your international departure. Even if you are simply looking for a better way to and from New York, TWA's new Flight Center is your gateway to convenience and comfort at one of the U.S.'s busiest airports.

We hope this brochure, describing our new TWA Flight Center, will help guide you through the air terminal built with your traveling future in mind. Keep it. We know you will be using it again!

TWA Flight Center Brochure.

SOCIAL SCIENCES

1. LES RAPATRIES D'ALGERIE EN FRANCE

... en Algérie, les Français avaient un niveau de vie moyen inférieur de 10 à 15% à celui des métropolitains ...

Si la guerre a enrichi quelques grossistes et industriels, elle a surtout réduit le niveau de vie du plus grand nombre en engendrant une assez forte inflation. Mais c'est surtout le "grand retour" qui a ruiné les Pieds-Noirs et plus particulièrement les cadres et les professions libérales. En effet, à la différence de ceux du Maroc, les cadres moyens ou supérieurs d'Algérie n'ont pas eu le temps de négocier les biens immobiliers qu'ils possédaient. L'évacuation s'est faite brusquement. Or, tout comme le métropolitain, le Pied-Noir ne rêvait que d'acquérir une maison individuelle. Jusqu'en 1962, la rage de construire était indéniable. A croire que nos compatriotes voulaient défier le cours de l'histoire. Les lotissements résidentiels presque exclusivement européens s'agrandissaient. Les plus privilégiés possédaient une villa au bord de la mer ... En fait, jusqu'au dernier moment, comme par un "instinct suicidaire", les classes moyennes ont investi leurs moindres économies dans la réalisation de leur rêve.

Les agriculteurs ont eu parfois les mêmes réactions. A Grenade-sur-Garonne, l'année même de l'indépendance, une famille avait liquidé des biens qu'elle possédait en France pour les investir en Algérie et agrandir sa propriété. Cette erreur de jugement étonnante fut assez fréquente et s'explique par le fait que beaucoup de personnes n'ont pas, un seul moment, pensé que la France finirait par abandonner l'Algérie.

Toutes ces raisons ont contribué à réduire à 5000 francs seulement la somme moyenne rapportée par chaque rapatrié: mis à part leurs capitaux immobilisés là-bas, leurs liquidités financières étaient donc bien faibles. Ce dénuement ne pouvait poser, à leur arrivée en France, que de graves problèmes sociaux.

Pour mieux saisir l'inadaptation matérielle de cette population, il est souhaitable de comparer son expérience avec celle des autres réfugiés d'Outre-mer installés avant 1962. En effet, ces derniers sont rentrés, dans leur ensemble, dans des conditions bien meilleures. Par exemple les Français du Maroc sont arrivés avec d'importantes ressources qui leur ont permis d'acheter un grand nombre d'affaires localisées presque essentiellement dans l'agriculture du Sud-ouest. Inversement, les Pieds-Noirs, par leur afflux brusque et massif, ont pesé sur le marché foncier et provoqué une forte flambée des prix. Logements, terres, commerces atteignaient des coûts excessifs. Les réfugiés du Maroc, mieux pourvus financièrement, bénéficiant de prix d'achats très bas, ont créé des affaires économiquement saines.

68

Le Pied-Noir, quant à lui, démuni de capitaux, s'est endetté très lourdement pour s'insérer dans la vie économique française. Souvent mal conseillé, il s'est orienté vers des secteurs déjà pléthoriques comme le commerce ou bien s'est installé dans des régions alors en perte de vitesse, caractérisées par des conditions agricoles défavorables à toute mise en valeur (sols trop pauvres, structures trop archaiques). Les affaires achetées l'ont été à des prix excessifs résultant d'un marché déséquilibré par l'excès de la demande. Enfin, le fait que l'on soit en présence d'un rapatriement et non d'une immigration a été une source supplémentaire de difficultés. En effet, le rapatriement proprement dit n'est pas sélectif. Toute une population est dans ce cas touchée dans ses structures biologique, physiologique et sociale. Contraint de quitter l'Algérie, tout le monde est parti, les personnes actives ignorant tout de leur avenir professionnel. Il s'agit là d'un départ vers l'inconnu bien différent de l'immigration des travailleurs étrangers qui touche seulement des hommes jeunes, actifs, et seule cette catégorie de population pénètre en France.

Pierre Baillet, "Les Rapatriés d'Algérie en France," *Notes et Etudes Documentaires* Nos. 4275-6 (29 mars 1976), p. 7.

2. L'ANNEE DU PATRIMOINE

Le programme de l'année du patrimoine préservera un juste équilibre entre manifestations ponctuelles—qu'elles soient prestigieuses ou modestes—et opérations en profondeur, de longue durée. L'idée première est évidemment de maintenir une certaine continuité tout en articulant l'année du patrimoine autour de plusieurs temps forts: son démarrage (janvier-février) est marqué avant tout par des opérations à la télévision et une campagne d'affiches, notamment dans le métro parisien avec une exposition à la station Auber. L'été sera un moment essentiel pour intensifier à la faveur des vacances la découverte du patrimoine: circuits culturels touristiques, amélioration de l'acceuil, jeu-découverte à la télévision, journées portes ouvertes dans les monuments, nombreuses expositions notamment en province, et bien sûr spectacles dans les monuments.

L'automne verra se systématiser, à la faveur de la rentrée, l'action en milieu scolaire, tandis que se tiendront plusieurs colloques de réflexion sur le patrimoine et que des publications à caractère scientifique verront le jour; cependant d'une façon générale, spectacles et grandes expositions ponctueront presque chaque mois, avec les émissions de télévision et de radio, l'année du patrimoine.

Mais, pour réussir, l'année du patrimoine doit être plus qu'un merveilleux feu d'artifice; de nombreuses opérations auront par définition un effet au-delà de l'année 1980, comme celles qui auront enrichi le patrimoine par la collecte ou la commande publique, ou par le démarrage de travaux de grande envergure (sauvetage des enceintes Vauban).

L'ambition de l'année du patrimoine consiste, à travers les opérations de sensibilisation, à modifier le comportement des Français vis-à-vis de leur patrimoine, à obtenir de chacun un intérêt nouveau, afin qu'il consacre temps, énergie, argent à la préservation et à la création de ce patrimoine qui devra témoigner pour nous dans l'avenir.

Christian Pattyn, Directeur du Patrimoine.
Regard sur l'Actualité No. 60 (avril 1980).

3. QUELLE CAPITALE POUR LA FRANCE?

Le premier schéma directeur d'aménagement et d'urbanisme de la région parisienne, adopté en 1965, résume ces ambitions conjointes des monopoles et de l'Etat: faire de Paris la grande capitale économique et financière réservée aux affaires, ce qui implique notamment le départ d'un ouvrier sur deux et la reconquête des quartiers du centre (Marais, Quartier Latin) par les couches supérieures de la société: à la périphérie des villes nouvelles pour loger les salariés: pour les relier, et pour amener chaque jour la main d'œuvre vers les bureaux, le RER.*

Cette politique a permis à Paris des réalisations importantes, mais au prix d'une terrible saignée des forces vives, humaines, sociales, économiques de la capitale. De 1954 à 1975, la capitale a perdu un habitant sur cinq. Sa population a considérablement vieilli et il y a proportionnellement moitié moins d'enfants à Paris que dans le reste de la France (13 p. cent contre 24 p. cent). La pyramide des âges montre deux creux: les moins de 14 ans et la génération entre 30 et 45 ans. C'est le vide laissé par des dizaines de milliers de familles contraintes de s'exiler en banlieue ou ailleurs, à cause de la cherté des loyers et du manque de crèches et d'espaces verts.

Cette hémorragie a frappé avant tout les couches populaires: en 20 ans, près de la moitié (44 p. cent) des ouvriers sont partis. Encore faut-il tenir compte du gonflement considérable du nombre des immigrés dans la même période. La population ouvrière stable (non immigrée) dans la capitale ne dépasse pas 12 p. cent (contre 38 p. cent en France). Le prix du logement n'est pas seul en cause. Paris a connu depuis 20 ans un véritable exode industriel: plus de 200 000 emplois industriels ont ainsi dis-

*le RER—le réseau express régional.

paru sous les coups conjugués de la spéculation foncière, de la crise, et d'une politique aberrante de décentralisation. Moins de 10 p. cent des emplois parisiens sont aujourd'hui des emplois productifs. Ce ne sont pas seulement des emplois qui disparaissent ainsi mais aussi des métiers, un savoir-faire, toute une culture artisanale et ouvrière étroitement mêlée à la vie des rues et des quartiers. Le risque est grand de voir Paris ne plus conserver bientôt que quelques industries archaiques et devenir une ville sans producteur.

Pendant longtemps, le gonflement des emplois tertiaires (banques, assurances, services) a compensé statistiquement ces pertes. Mais depuis quelques années ces emplois de bureaux sont arrivés eux-mêmes à saturation, et commencent à régresser, du fait de la crise, mais aussi de la mise en place de l'informatique: le rapport Nora estime à 30 p. cent le nombre des emplois que celle-ci va supprimer. Avec plus de 100 000 sans-emplois, Paris ainsi est devenu une concentration exceptionnelle de main-d'œuvre déqualifiée et bon marché. Pendant longtemps, on est "monté" à Paris pour avoir un meilleur métier, un meilleur salaire. Grâce à sa haute qualification professionnelle et à ses riches traditions de lutte, le prolétariat parisien, celui du livre, du meuble, de la métallurgie s'était acquis une position forte sur le marché du travail. Si son poids reste important, il a été cependant laminé par la rénovation urbaine et la désindustrialisation. Si bien qu'aujourd'hui plus d'un salarié parisien sur dix est un smicard:* immigrés dont le nombre a doublé en 10 ans, femmes sans formation professionnelle, jeunes postiers ou cheminots constraints de venir de leur midi ou de leurs Antilles natales, employés de banques et des assurances dont le travail a été complètement mécanisé et parcellisé, etc.

Jean-Jacques Rosat, "Quelle capitale pour la France?", *La Nouvelle Critique* 125 (juin 1979), pp. 35-37.

4. L'ENSEIGNEMENT SUPERIEUR PAYANT

Si l'on ne peut pas acceuillir tous les jeunes sur les bancs des universités, pourquoi ne pas les rendre payants, en instaurant une sorte de ticket modérateur?

La sélection par l'argent à l'entrée de l'université! Quoi de plus anti-démocratique? Le progrès de la nation ne nécessite-t-il pas que, à défaut

---

*un smicard—celui qui gagne le salaire minimum interprofessionnel de croissance.

de pouvoir faire accéder tous les Français à l'enseignement supérieur, on y fasse accéder les plus aptes et non les plus riches?

Mais l'enseignement supérieur est-il actuellement démocratique en France? Les statistiques montrent que les enfants d'ouvriers et d'agriculteurs ne sont que 20% de la population étudiante, alors que leurs parents représentent 40% de la population active. A côté de facteurs psychosociologiques, la nécessité de gagner rapidement sa vie est sans doute une cause essentielle de cette situation. S'il est opportun d'en inciter un plus grand nombre à poursuivre leurs études et donc à renoncer à un travail salarié, ne peut-on, suivant le principe de l'allocation de salaire unique,* donner un pré-salaire à tous les étudiants pour compenser le salaire qu'ils auraient pu avoir?

Mais les contribuables sont-ils prêts à accorder à des centaines de milliers d'étudiants une rémunération décente, qui dissuade réellement les plus défavorisés d'entre eux de chercher un travail sur le marché? Même au SMIC, le présalaire coûterait plusieurs milliards de francs par an et croîtrait rapidement. Est-il indispensable d'opérer une redistribution de revenus aussi importante alors que l'objectif poursuivi est de permettre à une minorité de poursuivre ses études? Ne vaut-il pas mieux verser l'allocation seulement à ceux qui en ont besoin, c'est-à-dire accroître le nombre et le montant des bourses d'études supérieures et les accorder libéralement, sous la seule réserve des aptitudes et de l'assiduité, en fonction de la situation de la famille? Mais comment financer cette allocation dont le coût, tout en étant inférieur à celui de l'allocation généralisée, serait loin d'être négligeable et devrait croître très vite, au rythme même de la démocratisation de l'enseignement?

Une solution peut être trouvée dans le cadre de l'Education nationale: dès lors que l'on admet la mise en place d'un véritable système d'allocations d'études accordées sélectivement en fonction des besoins de chacun, quel inconvénient y a-t-il à faire payer l'enseignement supérieur? Les familles aisées sont généralement capables de discerner l'intérêt de leurs enfants et rares sont celles qui leur couperaient les vivres à cause du coût des études. Bien entendu, rendre les études payantes n'exclurait nullement une sélection ou une orientation basées sur les aptitudes. Cela n'exclut pas non plus la concurrence entre les universités, bien au contraire. Finalement, malgré les apparences, ce n'est pas un paradoxe d'affirmer que, loin d'être un obstacle à la démocratisation de l'enseignement supérieur, l'accès payant aux facultés peut en être un in-

---

*allocation de salaire unique—allocation versée à un couple avec enfants si l'un des conjoints ne travaille pas.

72

strument dans la mesure où il permet de financer un système d'allocations d'études sélectif véritablement démocratique, sans aggraver encore la pression fiscale.

Hubert Lévy Lambert. *La Politique des Prix.*
Paris: Seuil, 1979, pp. 60-1.

5. LE SYSTEME DES RETRAITES EN FRANCE

Age Légal de Départ en Retraite

L'âge de la retraite est généralement de 60 ans pour les sédentaires et de 55 ans pour les actifs, avec des variantes sans coéfficient d'anticipation à 55, 50 voire 40 ans (danseurs de l'Opéra) selon la pénibilité des services accomplis; aucune condition d'âge n'est exigée pour l'attribution des pensions de réversion.

En contrepartie, des limites d'âge supérieur (en général 5 ans de plus que l'âge minimum) existent, contrairement à ce qui se passe dans le régime général, obligeant les intéressés à cesser leur activité du moins dans le secteur concerné. Ceci n'est pas le cas dans les régimes des marins, des clercs de notaires et des théâtres lyriques nationaux.

Montant de la Pension

Le régime général octroie une pension dont le montant est fonction de trois variables: durée d'activité, salaire annuel moyen des dix meilleures années, âge de départ en retraite.

Dans les régimes spéciaux, ce dernier paramètre n'intervient pas. Notons que dans le régime minier, on prend en compte la durée et la nature des services et que, en fonction de ces deux seuls critères, les pensions sont d'un montant forfaitaire indépendant du salaire d'activité.

Le salaire de base, en règle générale celui de la fin de carrière, est calculé à partir d'une période très brève (et donc très favorable pour l'assuré): six derniers mois dans la fonction publique, dernière année à l'EGF,* trois meilleures années dans les théâtres lyriques nationaux...

Le salaire en question est également apprécié de façons diverses: forfaitairement dans le régime des marins (20 catégories correspondant à des salaires inférieurs de 15 à 30% aux salaires réels), ou sur 13 mois par les traitements indiciaires dans les entreprises nationales, avec inté-

---

*EGF—Electricité et Gaz de France.

gration de diverses prime dans les case les plus favorables, et sans elle dans la fonction publique, ce qui explique les différences importantes que l'on constate.

Celles-ci sont également accrues par le phénomène de l'écrêtement qui ne fait pas prendre en considération une certaine fraction supérieure du salaire. Le résultat, une fois prises en compte les diverses majorations possibles, est que les pensions représentent de 30% à 80% du salaire réel (les majorations dont il s'agit sont essentiellement celles de 10% pour 3 enfants élevés jusqu'à 16 ans, augmentées de 5% au-delà).

Les majorations pour conjoint à charge prévues par le régime général ne sont octroyées que dans le régime minier.

Pour ce qui est enfin des revalorisations, la philosophie du système est assez sensiblement différente de celle du régime général.

En effet, en règle générale, les pensions suivent l'évolution des salaires aux dates où ils sont ajustés, c'est-à-dire de façon imprévisible. Ceci se conçoit pour un système dans lequel la vieillesse est une continuation de la vie active avec un salaire minoré mais réel.

C'est ainsi que les pensions peuvent varier du simple au double d'un régime à l'autre, rendant les comparaisons difficiles.

Notes et Etudes Documentaires Nos. 4260-1
(5 février 1976), p. 25.

6. THE FRENCH GOVERNMENT AND ITS MINISTRIES

The French government is characterized by powerful, isolated ministries. Each ministry jealously guards its traditional administrative functions and responsibilities from raids by other ministries or new special-purpose organizations. Compared to the United States, ad hoc or interdisciplinary agencies are rare in France. Civil servants respect other ministries' territories in order to avoid retaliatory raids upon themselves. This isolation was reinforced by the traditional system of appointments to the higher civil service and the Grand Corps (the highest level of the civil service). Before 1945 these appointments were made on the basis of competitive examinations administered by each corps or ministry. Therefore, the educational system was designed to prepare students for one particular exam. Because civil servants had studied a very narrow subject, there was little mobility or shared experiences among the services.

This fragmentation among the various ministries has been a major obstacle in the development of coherent rational policies for urban development. The problem is that urban development is not a clear function of one ministry. In actuality three ministries have responsibilities that significantly affect urban policy: the ministries of finance, interior, and equipment.* Each is rather strong and relatively free of pressure from other ministries.

The ministry of economic affairs and finance has traditionally been the most powerful ministry in France. It is responsible for preparing the annual budget and for establishing the nation's monetary policies. Funds for most projects that other ministries propose or wish to continue are appropriated by the ministry of finance. It frequently must rank priorities among competing claims of different ministries. Proposed investments in urban development projects are placed in national fiscal perspective by this ministry.

The ministry of finance also controls several financial institutions that make loans and grants for urban development projects. The most important is the Caisse des Dépôts et Consignations (CDC), a national bank established in 1816. It is the largest holder of funds in France, with most assets coming from individual savers who bank in their local post offices. Because of its large size the CDC can regulate the nation's financial market. The ministry of finance, by controlling the CDC, strongly influences the pattern of urban development in many ways. The CDC loans money directly to local authorities and provides the money for a number of other governmental agencies that make grants and loans to local authorities and private developers.

James M. Rubenstein. *The French New Towns.* Baltimore & London: Johns Hopkins University Press, 1978, pp. 38, 39.

7. FAMILY BUDGETS IN FRANCE

The proportion of the average French family budget spent on housing has fluctuated since the war (1950 16.8, 1965 19, but 1974 only 10 per cent of all expenditure), whilst the purchase of consumer durables has shown a consistently upward trend. As in the UK, the provision of refrigerators and television sets is approaching saturation level; ownership levels for motor cars, vacuum cleaners and washing machines are not far behind. Curiously enough, there is no direct and simple correlation between regional prosperity and highest ownership ratios of consumer durables. In France as in Great Britain, for example, car ownership is of necessity higher in rural areas, where public transport has greatly di-

---

*equipment—the relevant ministry in the present government is the Ministère de l'Environnement et du Cadre de Vie.

minished. Perhaps surprisingly, the highest proportion of households with both television and a washing machine is in the Nord. The truth of such regional differences, however, is likely to be concealed in varying socio-professional structures within any one region.

Successive French governments have proclaimed the need to diminish social inequalities. During the 1960s a rising proportion of French GNP* has been committed to public investment, with one-half of such expenditure for directly social purposes. Furthermore, the state has emerged as a major direct employer, with 25 per cent of the labour force in central and local government, or nationalized industry. The total contribution by social expenditure to the mean gross family income is today about 20 per cent. However, the taxation system is not yet socially just. Indirect taxes (58 per cent) far outweigh direct personal taxation (18 per cent) in contribution to the national budget, and the poorer families pay the same taxes on consumption as the rich. Social payments have been increased and the national minimum wage has been raised, but great inequalities continue to persist in French society.

J.W. House. *France. An Applied Geography*. London: Methuen, 1978, pp. 175, 176.

DRINK IS FRENCH PLAGUE

President Giscard d'Estaing is being challenged to wreck his country's most profitable industry—drink. The challenge comes in a report which will depict France as a nation sinking into a great alcoholic stupor.

The three-year study, led by a cancer expert, Professor Jean Bernard, would be important simply as a catalogue of repercussions in the most drunken country in the West, where 40,000 people are killed by drink each year.

It also recommends a 10-year anti-alcohol programme with enormous social and economic implications.

Bernard has no illusions about the impact of his report, which he will soon personally present to the President. Alcoholism is the public health domain where the most important single national interest is opposed by the greatest number of personal interest, he says.

The result of the intertwined interests of French wine-growers, spirit and beer producers is what Giscard himself has called 'the most important of social plagues'. With an average consumption of 24 litres of pure alcohol a year, the French drink 25 per cent more than West Germans and more than double the amount of British and Americans.

---

*G.N.P.—Gross National Product—Produit National Brut (P.N.B.).

More than 4,500,000 French people—nearly one in 10 of the population—are permanently dependent on drink. Two million are officially registered as chronic addicts. Nearly half of work accidents and more than 40 per cent of road accidents are directly attributable to drinking.

Robert Papon, the Economy Minister, estimates that alcoholism costs the nation more than 7 billion a year, much of it in industry, where the effect of strikes on production is minimal in comparison. In return the Government receives less than 1 billion in alcohol tax.

However, with a tenth of the population directly or indirectly dependent on alcohol sales for a living, the most powerful industrial lobby in France has already developed a massive campaign to wreck the Bernard report.

Its immediate trump card is next year's presidential election, making it unlikely that there will be any early controls. Its long-term safeguard is a change in French drinking habits over the past two decades, which puts most of the French population on the alcohol lobby side.

The image of a drunken France is still typified by a tramp with a bottle of red wine, but alcoholism has become a universal social menace, with a swing to hard drinks led by pastis and whisky. With huge advertising budgets, one drink after another has moved up the social ladder or been turned from an occasional aperitif to be drunk like beer.

Although wine sales have fallen in value by 40 per cent, wine still accounts for 70 per cent of French spending on alcohol. Once-despised popular wines have become chic through clever advertising, and wine snobbery has made middle-class dependency respectable.

Beer sales have jumped 60 per cent since the war, and the alcohol content is higher than it used to be.

The greatest success story has been pastis, which in a matter of a decade, has changed from a disreputable French short drink into a national way of life. Sales have quadrupled and the name of an obscure Marseilles company is now a symbol of every sport from sailing to motor-racing and even baby shows.

The Observer (June 29, 1980).

9. THE WOMEN'S MOVEMENT IN FRANCE

Aside from the abortion issue, however, autonomous grassroots women's groups from 1974 onward appeared in various forms, especially among white-collar employees in Parisian ministries, banks, computer firms, and the post office, to spread information and to put pressure on their union representatives to invite speakers, show movies, etc., on women's issues. Classic forms of unionism have overlooked the heavy feminization of the workplace which has occurred in recent years, and dismissed such issues as sexual harassment and "double work" with contempt. But unions are changing, and women union members as well. Strikes by women workers have taken place, especially in the garment and textile industries and light manufacturing, which have been hard hit by the economic crisis. Union magazines such as *Antoinette,* which used to have a very feminine style, have become more overtly feminist during the last few years.

Essentially, however, the movement's energy since 1976 has been primarily devoted to the issue of rape. Feminist lawyers have made public declarations explaining that they were not seeking revenge or demanding heavy sentences for rapists, but that they were posing the problem of rape as a political crime in a sexist society. Nevertheless, juries have generally imposed very heavy sentences on rapists, which have given the far-Left press repeated opportunities to indict women as bourgeois liberals relying on bourgeois forms of justice. One of the most brilliantly and violently debated rape cases occurred at Aix in 1978, when youngsters were tried for having gang-raped two lesbians camping alone near Marseille. The women's homosexuality made classic defense arguments, such as the victim's consent, conspicuously ridiculous. In Grenoble, in June 1979, when four teenagers were tried for gang-raping a young woman, both sides explicitly declared—perhaps for the first time in a courtroom—that the root of the problem was a fundamentally sexist society. The Grenoble and Aix trials differed from others because they had a strong class component: the rapists came from disadvantaged communities in which rape is perhaps as "normal" as petty thieving. Thus the community itself felt it was on trial. These trials concretized the conflict between class issues and feminist issues in a way which has not occurred in the United States, where ethnic components generally prevail over class-related phenomena, and where there is much greater geographic separation between classes.

Daniele Stewart, "The Women's Movement in France,"
Signs (Winter 1980), pp. 352-3.

10. FRANCE'S NEW RIGHT

Yet these years since 1968 also saw the emergence of a young intellectual Right. Most people in France were unaware of it, but a number of young writers and political thinkers were busy creating reviews and clubs in which to thrash out the intellectual premises of a conservative movement that might challenge the Left's control of the cultural life of France. As if to underline the pedigree they were claiming for themselves—all the way back to Periclean Athens and beyond—their basic study center was deliberately named GRECE (Groupement de recherche et d'études pour la civilisation européenne)...

According to its spokesmen, GRECE members do not engage in any overt political activity, because they believe the cultural climate in France has to change before an attempt to gain political influence can be successful. Yet GRECE also maintains that its ideas must have public consequences if they are to signify anything, and to this end a public-policy organization was founded in 1974, the Club de l'Horloge, made up, in the main, of young graduates of France's top administration school, the ENA*...

In 1979, *Le Figaro,* which had been purchased a couple of years earlier by the press baron Robert Hersant, added a weekend magazine, sold with the Saturday edition of the paper. Louis Pauwel was made editor of this magazine, and he opened its pages to members of the "New Right", thus lifting them rather abruptly out of their little reviews.

It is worth knowing something of its ideas, which are more important than unsubstantiated charges about its backers or its alleged sinister intentions. And for its ideas one must turn to Alain de Benoist,† born in 1943 and gifted with a clear writing style.

Concerning the traditional Right—to begin with—de Benoist is unambiguous:

> The Old Right in France has always been reactionary. The reactionary spirit is perhaps the thing I hate most in the world . . . To be reactionary means trying to bring back a past period or condition. To be conservative, on the other hand, means basing oneself on the best of all the past, in order to reach a new situation. In my view, all true conservatism is revolutionary.

. . . These statements are clear enough, and serve to demarcate the "New Right" from the old (although it should be remembered that virtually every right-wing group that has ever existed in modern France began its career with a violent denunciation of every other group for assorted sins and failures). At any rate, Alain de Benoist takes very seriously the need for fresh air. A man of wide-ranging curiosity and an avid reader, he exposes his reactions to books and ideas carefully, at times pedantically. He is convinced that the Right must concentrate on cul-

---

*E.N.A.—Ecole Nationale d'Administration. Its students are known as "énarques".

†Alain de Benoist—member of the "Nouveaux Philosophes" group which is critically opposing Marxism.

ture, not politics. This is a notion derived, he acknowledges, in large part from his reading of Antonio Gramsci, founder of the Italian Communist Party:

> From Gramsci's point of view, in a developed society, the passage to socialism occurs neither by putsch nor by a direct confrontation, but by the transformation of general ideas, which is to say a slow reshaping of consciousness. And the stake of this war of positions is the culture, that is the source of values and ideas.

Roger Kaplan, "France's New Right", *Commentary* (March 1980), pp. 49-50.

ECONOMICS

1. LA COOPERATION INDUSTRIELLE ET COMMERCIALE FRANCO-QUEBECOISE

La volonté de concrétiser la coopération économique entre la France et le Québec si elle est effective, pourrait s'inspirer du modèle des échanges socio-professionnels, culturels et éducatifs franco-québécois et à l'actuel programme d'action gouvernementale.

Afin d'éclaircir et de mieux situer le niveau d'action, il semble très important de souligner dès à présent deux facteurs généraux caractérisant la situation canadienne et plus particulièrement québécoise, en ce qui regarde le processus d'investissement international:

a) Les ressources minières et énergétiques constituent le secteur où l'appartenance à des intérêts étrangers est la plus forte parmi l'ensemble des branches d'activité de l'économie canadienne (en termes de pourcentage d'actifs, d'avoir des actionnaires de Calura*); il demeure un secteur de forte attraction des capitaux étrangers, notamment pour l'Europe occidentale et le Japon, étroitement dépendants de l'extérieur quant à leur approvisionnement en matières premières et par conséquent ayant besoin de s'assurer d'une source stable à ce niveau; d'ailleurs tel est le récent intérêt manifesté par les Européens et le principal déterminant ayant motivé l'accord économique des pays du Marché Commun européen avec le Canada.

b) Il est primordial d'autre part, de conserver à l'esprit le fait que le processus de décision d'investissement direct industriel à l'étranger concerne avant tout les grandes entreprises de type multi ou pluri national, ou tout au moins celles qui détiennent le premier rang dans leur branche industrielle d'appartenance. Or, ce processus en est un de type rationnel et économique d'allocation internationale de ressources et/ou de stratégie internationale de diversification des marchés, où la décision d'implantation au Québec est envisagée concurrentiellement, au sein du marché nord-américain, avec les autres provinces du Canada (par example, le fabricant français de pneus radiaux Michelin a choisi d'installer ses usines en Nouvelle-Ecosse en 1971) et même avec l'ensemble des Etats américains (ainsi en 1972, le groupe multinational d'origine française du secteur des métaux non-ferreux la compagnie Pechiney-Ugine Kuhlmann, a préféré localiser une de ses usines de traitement et de transformation dans le nord-est américain plutôt qu'au Québec, "pour des raisons d'ordre économique"): Le Québec n'apparaît pas posséder à

---

*Calura—les données Calura recouvrent les données financières de l'ensemble des corporations au Canada.

84

ce niveau les avantages marginaux les plus appréciables, et la variable d'incertitude socio-politique pourrait même à terme y jouer un rôle différentiel plus ou moins défavorable.

Roger Guir, "La Coopération industrielle et commerciale franco-québecoise", *Commerce* (octobre 1977), pp. 62-3.

2. REVISION DU PRIX DE LA VIE

Dans le groupe d'experts qui travaille sur la révision du prix de la vie en matière de sécurité routière, on a rencontré une difficulté qui a paru assez fondamentale à certains: si la méthode préconisée autrefois par Claude Abraham et Jacques Thédié leur semblait satisfaisante en période de plein emploi (le terme principal du prix de la vie étant la contribution nette de l'individu à la production de la nation), le raisonnement paraissait s'écrouler en période de chômage important et durable: la disparition d'un individu susceptible d'être remplacé dans son emploi n'entraîne pas en pratique une diminution du produit national.

Faut-il alors réviser le concept même de prix de la vie? A nos yeux ce n'est pas nécessaire, et c'est seulement le mode d'évaluation qui est en cause. Car le coût acceptable, pour une collectivité de conservation de ses membres, et la valeur de la production fournie par un individu ne définit pas ce coût; c'est seulement un moyen commode, faute de mieux, d'évaluer un ordre de grandeur qui semble avoir recueilli un certain consensus: condition suffisante pour que soit admis un prix qui assurera la cohérence des choix.

Par contre, lorsqu'on envisage des problèmes de protection de la vie humaine inhérents à l'existence de nuisances industrielles (radioprotection, pollution atmosphérique, toxicologie chimique, etc.) les choses semblent se présenter de façon différente: ce qu'il faut éviter, ce n'est plus la mort immédiate d'un individu tiré au sort dans une population par le mécanisme de l'accident. C'est le plus souvent l'effet de faibles doses radiologiques ou chimiques; disons, pour simplifier, des décès éventuels différés.

Il conviendrait au minimum de fixer des règles pour évaluer le prix de la vie—ou plutôt de la perte de la vie—en fonction de l'âge et du temps de latence des affections qui peuvent causer un décès.

Georges Moralt, "Que vaut la vie humaine?", *Problèmes Economiques* No. 1673 (14 mai 1980), p. 7.

3. LA POLITIQUE DE DESINFLATION

La politique de désinflation a pour but d'agir sur les facteurs profonds qui commandent la hausse des prix.

Par une politique active des taux d'intérêt, et tout en reconstituant les réserves de change de la France, le franc a été stabilisé.

L'équilibre de la balance commerciale et des paiements courants a été restauré. Cet objectif fondamental a été atteint sans recours à des mesures protectionnistes et sans récession de l'activité économique intérieure, mais par une large mobilisation des entreprises, qui ont développé leurs exportations.

La politique monétaire a eu pour objectif la stabilisation, puis la réduction de la liquidité de l'économie. Depuis 1977, le Gouvernement fixe chaque année une norme de croissance de la masse monétaire qu'il s'efforce de faire respecter par un contingentement des crédits à à l'économie. Depuis 1976, la masse monétaire (M2) a augmenté moins vite que le PIB* en valeur.

La politique budgétaire a été conduite avec la plus grande prudence: un déficit a été accepté à un niveau un peu inférieur à celui qui correspond à l'équilibre du budget de plein emploi. Sans être déflationniste, la politique budgétaire de la France est une des plus rigoureuses de celles appliquées dans les grands pays industrialisés.

La politique des rémunérations a été concue autour du principe du maintien du pouvoir d'achat. L'Etat a pu faire respecter ce principe par la négociation dans les administrations et les entreprises publiques. Il a procédé par voie de recommandation dans le secteur privé. Au cours des trois dernières années, la hausse du pouvoir d'achat des rémunérations a été régulièrement réduite sans que cela provoque le désordre social. On a parlé justement d'austérité en pente douce.

Enfin, le Gouvernement a rompu avec une longue tradition de contrôle des prix. La règlementation des prix industriels, des marges du commerce et des tarifs de certaines prestations de service a été supprimée. Les tarifs publics ont été progressivement portés à leur niveau économique. Seuls les transports publics n'ont pas encore atteint leur prix d'équilibre. Mais les retards étaient tels dans ce secteur qu'il fallait étaler les mises à niveau sur plusieurs années.

"Conférence de Monsieur Raymond Barre", *Supplément à Problèmes Economiques* No. 1 673 (14 mai 1980).

---

*PIB—Produit Intérieur Brut.

4. UNE POLITIQUE RIGOUREUSE

Rehausser la compétitivité de l'économie par une politique active dans le secteur des biens d'investissements constitue une stratégie rigoureuse: c'est même la seule orientation capable de briser le cercle vicieux dans lequel la concurrence internationale enferme en période de crise la restauration de l'emploi et la maîtrise de la contrainte extérieure. Elle échappe, en effet, aux contradictions auxquelles se heurtent les politiques budgétaires traditionnelles (qui sacrifient la seconde à la première et conduisent ainsi soit à la faillite, soit au repliement) tout autant que les politiques déflationnistes (dont la réputation de rigueur ne peut manquer de paraître usurpée à certains puisque leurs effets bénéfiques sur l'emploi sont indéfiniment reportés alors même qu'elles n'apportent pas de solution autre que conjoncturelle au problème de compétitivité). Investir dans le secteur des biens d'investissements constitue à l'inverse une politique rigoureuse dans la mesure où elle tend à concilier l'amélioration à terme de la compétitivité et la défense immédiate de l'emploi tout en apportant une contribution rapide au paiement de la facture industrielle.

La maîtrise des prix, le renforcement du potentiel commercial et financier des entreprises françaises à l'étranger, la promotion des productions les mieux adaptées aux perspectives de demande et aux évolutions technologiques constituent les orientations les plus souvent mises en avant pour desserrer la contrainte extérieure réapparue depuis cinq ans: ce sont là sans doute autant de points de repère indispensables. Leur systématisation, en revanche, ne suffit pas à définir une stratégie globale, propre à résorber le handicap industriel majeur de l'économie française: son déficit, en particulier dans le secteur des biens d'investissements, vis-à-vis des pays dominants.

Conquérir une maîtrise accrue des conditions industrielles de l'accumulation constitue donc la première et indispensable condition pour que le redressement de sa compétitivité permette à l'économie française, dans un univers plus incertain que jamais, de jouer un rôle actif dans la recomposition en cours des rapports économiques, sociaux et politiques au sein de l'Europe aussi bien qu'à l'échelle mondiale.

Jacques Mistral, "Redeploiement ou protectionisme," *Cahiers Français*
Jacques Mistral, "Redeploiement ou protectionisme,"
Cahiers Français No. 192, (juillet-sept. 1979), p. 18.

5. LES HOLDINGS

Une holding est une société dont la fonction principale est de détenir des participations dans d'autres entreprises en vue d'en orienter ou d'en contrôler les activités sans en assumer elle-même l'exploitation: elle commande et éxécute les opérations financières, gère les services de trésorerie, fournit des services techniques, d'études et de contrôle de gestion.

Ses actifs étant exclusivement financiers, elle figure donc parmi les sociétés de portefeuille au même titre que les sociétés de placement et d'investissement: mais, tandis que celles-ci ont pour but de minimiser leurs risques et de maximiser les revenus de leurs portefeuilles, la holding intervient directement dans la gestion des entreprises dont elle est actionnaire; ses participations, immobilisées en comptabilité doivent être suffisamment importantes pour qu'elle puisse imposer sa politique.

Il faut cependant distinguer deux catégories de holdings en fonction de la place qu'elles occupent dans l'organigramme des firmes.

Ce type de société—dite aussi holding pure—n'a pas d'autres activités que de contrôler et orienter les activités de ses filiales sans avoir elle-même de fonction d'exploitation: la maison mère contrôle et gère l'ensemble des services financiers, les filiales assurent la production. Cette structure de holding est très répandue: ainsi, parmi les 100 premières sociétés industrielles françaises (selon le pourcentage des capitaux propres) on dénombre 33 holdings pures, la quasi-totalité ayant une dimension internationale: aussi, la société mère des FMN* est-elle souvent une holding (CGE, Schneider, Paribas, SGPM, PUK, Peugeot . . .).

Toute holding n'est cependant pas une société mère: de même qu'une holding peut en contrôler d'autres (et ainsi de suite), de même une entreprise industrielle peut créer ou contrôler une filiale-holding chargée d'assurer plus efficacement sa gestion financière.

Prenons l'exemple de la Régie Renault (2e FMN française et 20e mondiale) qui, pour faciliter ses opérations de production, dispose de holdings en France et à l'étranger sans avoir elle-même la structure de holding pure.

En France, SOFEXI a pour charge le financement d'une partie des investissements du groupe, SICOFRAM et la SCIE (Société civile immobilière d'Epone) finançant les acquisitions de biens immobiliers loués ensuite à la Régie ou à ses principales filiales.

A l'étranger, Renault-Holding est chargée de financer une partie des implantations industrielles, commerciales ou financières de la Régie hors de France, en empruntant des capitaux à l'étranger. D'autre part, pour faciliter le financement de ses filiales, Renault-Holding a créé Renault-Finance dont elle détient la totalité du capital (ces deux sociétés siègent en Suisse).

---

*FMN—firmes multinationales.

88

Le développement des holdings est largement engendré par la multinationalisation des firmes et des banques. En contrepartie, l'existence de holding facilite et accélère le mouvement d'internationalisation du capital et l'interpénétration des industries et des banques. Enfin, la plupart des banques multinationales ont des structures de holding et détiennent d'importants portefeuilles d'actions d'entreprises industrielles en sus de leur activité proprement bancaire (i.e., d'intermédiaire financier). Le rôle croissant des holdings est donc le symbole par excellence de ce que Ch. A. Michalet* appelle le capitalisme mondial.

"Les Multinationals", *Cahiers Français*
No. 190 (mars-avril 1979), p. 52.

6. IMPACT OF MAY 1968 ON FRENCH ECONOMIC PLANNING

May 1968 raised for some of the planners the question of the quality, or substantive content, of French economic development. Shortly after May, a small group of "social technocrats"—as they came to be called to distinguish them from their more steely eyed colleagues—found a sympathetic ear in Prime Minister Chaban-Delmas, and began to push for an expanded program of social services. Their objective was to balance the one dimensionality of recent French economic growth. Universities, they found were too few and too feudal; so were hospitals. Social security transfers had to be made available to the victims of economic development—the wiped out peasants and shopkeepers—before they stopped the growth machine; and the whole massive social security system had to be rationalized. Urban transportation was getting worse and worse; the time of the average commute in Paris had passed that of Los Angeles and in the vast and deadly suburbs new kinds of social services had to be created to help those commuters adapt to the newness, the brutality, and the imbecility of their surroundings.

Stephen S. Cohen. *Modern Capitalist Planning: the French Model.*
Berkeley, Los Angeles and London: University of California
Press, 1977, pp. 265-6.

---

*Charles-Albert Michalet—actuellement Professeur à l'Université de Paris X, C.E.R.E.M. (Centre d'Etudes et de Recherches sur l'entreprise nationale).

7. POLITICAL FACTS SPELLED OUT TO BARRE

French Prime Minister Raymond Barre is discussing mainly economic matters on his visit to Canada Feb. 8 to 13, French officials say.

But although Barre could boost Franco-Canadian trade, politics will be hard to stifle, particularly during his stay in Quebec. Prime Minister Trudeau has said he wants to clear up certain political misunderstandings between the two countries. In a highly emotional interview in six major French daily newspapers last week, Trudeau repeatedly warned of the enormous consequences of a break-up of Canadian Confederation (with the U.S. eventually ruling the continent) which he feels the French government doesn't fully understand.

. . . For his part, Barre will be pushing hard for an agreement (at least in principle) for Air Canada to acquire airbus planes, French technology for the liquefaction and transport of Arctic natural gas (he's expected to propose France as a gas customer), Thomson and Matra electronic equipment for frigates, and for French-designed nuclear powered ships for Arctic routes.

He will also express interest in business opportunities for French industry in Canada's future transport needs.

Long-term supply contracts for key minerals may also be discussed—France depends on the third world for two-thirds of its mineral imports and would like to diversify to "safer" suppliers.

France, exporting 522 million of goods to Canada in 1977 (1.25% of total exports) would like to boost exports because Canada is its 23rd market now. Main French exports are alcohol and spirits (16%, followed by automobiles and tractors (12.5%) and electrical machinery, steel products and heavy equipment (7% each).

Financial Post (Feb. 10, 1979).

8. FRANCE'S PRICES AND INCOMES GAMBLE

Although French pay rises have fallen significantly behind the inflation rate of 13.9 percent in the past 12 months, French trade unions have refused a wages battle, preferring to concentrate on claims for five weeks holiday a year and a shorter working week.

For the Prime Minister Mr. Raymond Barre, who went on TV last night to defend three years and 10 months of austerity the union's sense of priorities is probably the best indication that his policies on prices and incomes are working.

. . . There is no neatly packaged programme on prices and wages unless reference is made to Mr. Barre's own university textbook, *Economic*

Policy, which is the foundation of his personal fortune. The priorities are a product of Mr. Barre's own analysis, a political situation which increasingly favours the Right and an envious look at West Germany.

Prices policy was not evolved until the Government won in 1978 and is limited to one word—liberalisation—in effect, all industry, with exceptions like petrol, are now free of Government control imposed since the war.

. . . In return for price freedom, the employers have signed special pacts to provide about 250,000 jobs a year for young people and to stress export business. With a bank lending rate held at 12 percent, investment has increased in relation to employer confidence in Mr. Barre and last year industrial production rose nearly 4 percent.

However, a change is taking place that will force Barre to consider changes that may lessen his popularity among employers.

The Guardian (July 8, 1980).

9. FRANCE'S VIIth PLAN (1976-1980)

The VIIth Plan ushered in a new era. The deep-seated economic depression of the mid-1970s coincided with a deliberate shift in emphasis away from the primacy of economic growth. Though continuing growth was to be fostered as a means of achieving and sustaining full employment and an improvement in the balance of trade, there was to be a more determined attack upon inequalities of all kinds, an overriding emphasis on quality of life and a fuller democratic participation. Though spatial inequalities at regional level were still seen to be important, there was to be greater preoccupation with the broader realms of the underprivileged, still largely agrarian, Ouest and the "mono-industrial" conversion regions of the Nord, Lorraine and Alsace. The region as a planning level was put under suspended sentence in favour of greater participation by *departements* and *communes*. A similar concern for planning to be at more human scales underlined the attack upon *gigantisme,* the large-scale, impersonalized phenomenon of the large city, the port-industrial complex, monolithic structures in industry. This further turning against the unacceptable face of growth maximization was pointed firmly in the direction of priorities for the provincial smaller towns (*villes moyennes*) and rural settlements, with their agricultural hinterlands. . . . Dissemination of growth, the tempering of growth by greater concern for environmental management, and greater concern for the merits of small-scale operations, led to greater devolution of responsibilities, but not of political power, to regional bodies and local authorities.

J.W. House. *France. An Applied Geography.*
London: Methuen, 1978, pp. 26-27.

10. ECONOMIC PLANNING AND THE VIIIth PLAN

Since the end of 1976 when a new strategy was introduced, of which the main economic policy aims were to control inflation and restore basic equilibrium (public finance and the balance of payments), France's cyclical position has been characterised, over and above some very short-term variations, by a number of continuing features: volume GDP* growth of the order of 3 per cent per year; a rise in consumer prices in the region of 10 per cent per year; mounting unemployment; a steady improvement in the current balance from a deficit to a surplus position; a public sector deficit kept to small dimensions. In 1979 a number of these basic features remained, though with various inflexions. Production was buoyant in 1979 (GDP showing a volume growth of the order of 3.5 per cent), with a marked acceleration in the second half of the year. All the components of demand made headway: consumption, where the advance was due to some decline in the household saving ratio whilst growth of real incomes was only moderate; private investment, in particular, and stockbuilding, and finally exports, which gave considerable support to activity. The upturn in production caused some increase in employment, but given that France is now in a phase of rapid labour force growth with continuing high gains in productivity, the unemployment rate rose again by comparison with 1978 to stand at 5.9 per cent of the labour force (compared with 5.2 per cent a year earlier). The upward movement in price accelerated in the second part of the year, partly because of the energy price increases, and for 1979 as a whole the rise in consumer prices was 10.7 per cent. The current balance remained in surplus ($1.4 billion) but with a deterioration in the course of the year.

France's Eighth Plan, to cover the period 1981-1985, is now being drawn up. In accordance with the procedure established in 1962, the work is in two phases: a report on the broad options, published in April 1979 and approved by Parliament in July, then the plan itself, which will be submitted to the Conseil Economique et Social for its opinion and to Parliament for approval for some time between now and autumn 1980. Commissions, committees and working groups are now meeting under the aegis of the Commissariat Général du Plan so that their members—representatives of management and labour, government and other interests—may have a hand in preparing the final document. The section that follows will set out the broad options of the Eighth Plan. Then it is

---

*GDP—Gross Domestic Product—Product Intérieur Brut (PIB).

proposed to take a look at the main problems liable to confront the French economy during the next five years.

The options report identifies six main areas of economic and social endeavour to serve as a frame of reference for the authorities in the five years ahead. These are:

- reducing energy and raw materials dependence
- developing a competitive industrial sector
- strengthening agricultural activities and the food industry
- taking specific measures to improve employment
- ensuring social protection of the French people
- improving housing conditions and the quality of life.

France, OECD Economic Survey. Paris: OECD, 1980, p. 5, 51.

SCIENCE
AND
TECHNOLOGY

1. GLOSSAIRE INFORMEL ET COMMENTE
SUR LES ORDINATEURS

Organes d'entrée-sortie

Langages—L'organe de calcul n'opère que sur des données, ou instructions, exprimées sous une forme très spéciale, quasi inintelligible à l'homme, le langage-machine. Pour être "compris" par l'ordinateur, l'homme fait un pas vers lui: il rédige ses instructions dans un langage (FORTRAN, COBOL, APL, etc.) à la fois suffisamment proche du langage naturel, et suffisamment formalisé pour pouvoir être "traduit" par l'ordinateur en langage-machine.

Ces instructions sont enregistrées par des organes d'entrée. Les instructions "alphanumériques" (formées de lettres, chiffres, signes de ponctuation) sont le plus souvent enregistrées au moyen d'un clavier et mises en réserve sur une petite mémoire magnétique (disque, bande, cassette) ou sous forme de cartes perforées qui seront "lues" ensuite par l'organe d'entrée. Les instructions "graphiques" (dessins) sont enregistrées au moyen de "lecteurs de courbes". En conduite de processus (automatisation des processus industriels, des expériences scientifiques), les appareils de mesures physiques, ou capteurs, fournissent des signaux qui doivent eux aussi faire l'objet d'une traduction (en plusieurs étapes) en langage-machine.

On dit qu'un organe d'entrée est intelligent lorsqu'il comporte un micro-processeur capable d'effectuer certains traitements (détection/élimination d'erreurs, ou autres).

Organes de sortie—Lorsque le traitement est achevé, son résultat doit être exprimé sous une forme à nouveau directement intelligible, imprimé par une imprimante (des modèles récents permettent une qualité graphique remarquable, avec des vitesses d'éxécution phénomenales—plus de 20.000 lignes par minute, c'est-à-dire un gros livre), ou dessiné par un terminal graphique, ou projeté sur un écran, à moins qu'il ne reprenne la forme d'un signal physique intégrable dans un processus de régulation.

Organes d'entrée-sortie—Certains organes combinent les fonctions d'entrée et de sortie. C'est en particulier le cas des terminaux à écran, qui jouent un rôle important dans l'informatique interactive.

La Nouvelle Critique, No. 127 (sept.-oct. 1979), pp. 31-32.

2. PEAU ARTIFICIELLE: LE TOUCHER DES ROBOTS

Les doigts métalliques se sont refermés sur le poignet de Jean Clot en crissant légèrement. Le chercheur, pris au piège, affecte un air mi-blasé, mi-satisfait: "Elle accroche sec, hein?" Bel euphémisme. A chacun de ses mouvements de retrait, la poigne de fer resserre son étreinte, agrippée à son bras comme un monstrueux insecte.

D'habitude cette main désincarnée repose, gantée, dans un coin du bureau de Jean Clot, au Laas (Laboratoire d'analyse et d'automatique des systèmes), à Toulouse. En apparence inoffensive. Mais quand elle est branchée à l'appareil qui lui donne un semblant de vie électronique, elle réagit au moindre effeurement. Elle s'anime et, soudain, se referme telle une serre sur sa proie. Avec habilité, elle sait saisir un verre sans le briser, soulever une lourde masse de fonte et même empoigner poliment la main du visiteur sans lui rompre les phalanges. Si toutefois, celui-ci ne tente pas de lui résister, car elle est programmée pour tenir—et retenir—sa prise, avec doigté mais fermeté.

C'est une sorte d'epiderme caoutchouteux inventé par Jean Clot qui lui donne son étonnante sensibilité tactile et la rend, en cela, bien supérieure aux prothèses et aux membres articulés qu'on fabrique aujourd'hui dans les laboratoires de robotique. Mais le vrai génie de ce chercheur toulousain, c'est d'avoir trouvé, pour sa peau artificielle, une incroyable série d'applications qui intéressent, outre les industriels et les handicapés, les médicins, les musiciens, les électriciens, les automobilistes, les banquiers, les militaires et même . . . les marchands de tapis.

Jean Clot ne se lasse pas d'imaginer les innombrables services que pourrait rendre une carpette en pleine peau. Devant une cage d'ascenseur, par exemple, elle détecterait le nombre et le poids des personnes en attente, ce qui permettrait de mieux programmer les arrêts. Dans une banque, elle signalerait immédiatement la présence d'intrus. Sur un lit d'hôpital, elle indiquerait utilement les points d'appui du corps et avertirait ainsi des risques d'escarres. Jean Clot a déjà dans ses cartons un projet de lit-peau automatique équipé d'alvéoles qui se dégonfleraient tout seuls aux endroits critiques.

Pour les médecins, le chercheur a logiquement inventé le "podomètre", héritier direct de la semelle originelle. C'est une plate-forme recouverte de peau artificielle et reliée à un micro-ordinateur qui analyse les informations fournies. Si on s'y tient debout, comme sur une balance, on obtient immédiatement une image de ses propres pieds, reconstituée point par point, avec la répartition précise des pressions du poids du corps. Jusqu'à présent, les orthopédistes ne disposaient que d'un système très primitif de miroirs pour examiner, par dessous les pieds, de leurs patients. Ils auront désormais une cartographie détaillée des empreintes plantaires, utile pour la prescription de chaussures correctrices, par exemple.

Jean Clot, on le devine, ne s'est pas arrêté là: il a créé un podomètre mobile dans différentes directions. On peut ainsi suivre les variations du centre de gravité d'un individu qui réagit aux divers mouvements de la plate-forme. Donc analyser précisément ses réflexes et déceler du même coup d'éventuels troubles de l'équilibre: peut-être même soupçonner la présence de certaines tumeurs cervicales qui pourraient en être responsables. "C'est l'une des premières tentatives de diagnostic médical dynamique", dit-il avec fierté. Les chercheurs pourraient aussi bien mesurer les effets d'un verre de whisky ou d'un tranquillisant sur l'équilibre d'un volontaire et les militaires tester les réactions d'un pilote de char assis sur un siège podomètre.

Plus spectaculaire encore: découpée en fines tranches et branchée à la place du clavier d'un orgue électronique, la peau artificielle devient une touche sensible et mélodieuse. Avec cette nouveauté appréciable: on peut faire varier l'intensité de chaque note selon la pression qu'on y exerce. Ce qui personnalise l'interprétation d'un morceau. Un cousin de Jean Clot a adapté la peau sur son instrument. Ses concerts valent, paraît-il, le déplacement.

L'Express (7 mai 1982).

3. DEBAT SUR LES SURREGENERATEURS EN FRANCE

. . . Mais en quoi consiste ce surrégénérateur dont on discute tant? C'est une supercentrale nucléaire. Idéale selon ses partisans, diabolique selon ses adversaires. Les physiciens qui l'ont mise au point dans les années 50, puis testée pendant vingt ans, lui ont donné un réacteur fabuleux qui fabrique plus de combustible qu'il n'en consomme. Comme si votre voiture produisait de l'essence tout en roulant. D'où le nom que les atomistes français ont attribué à notre premier surrégénérateur expérimental: Phénix. Comme l'oiseau de la mythologie égyptienne qui, brûlé sur un bûcher, renaissait de ses cendres.

Le point noir: pour fonctionner, cette machine extraordinaire se nourrit d'un combustible radioactif, le plutonium. Quelques miligrammes suffisent pour tuer un homme. Quelques kilos pour faire une bombe A.

C'est, bien entendu, cette faculté qu'ont les surrégénérateurs de reconstituer leur combustible qui représente aujourd'hui leur principal attrait. De quoi, aux yeux de leurs adeptes, supplanter dans le futur les centrales classiques. Celles-ci utilisent comme combustible de l'uranium. Mais cet uranium existe sous deux variétés, qu'on appelle isotopes 235 et 238. L'isotope 235 est seul à être "fissile". Il se brise en libérant de l'énergie lorsqu'un neutron le bombarde. L'ennui, c'est qu'il n'y a que 0,8% d'isotope 235 dans l'uranium naturel. On a bien trouvé une façon de "l'enrichir" en augmentant jusqu'à 3% sa teneur en 235 fissile. C'est insuffisant. Au bout de quelques années, le combustible devient inutilisable. Et, parce qu'il est radioactif pendant des siècles, on ne sait comment s'en débarrasser.

Les centrales classiques ont un autre inconvénient majeur, qui découle du premier. Elles consomment énormément de minerai. Or, on commence à prendre conscience que les réserves d'uranium sont probablement aussi limitées que celles de pétrole. Il n'y a guère plus de 2 millions de tonnes d'uranium économiquement exploitable dans le monde. De quoi alimenter les centrales nucléaires classiques encore pendant vingt ans. C'est peu pour une technologie présentée comme le meilleur recours face à l'épuisement des gisements pétrolifères. C'est alors que s'est révélée une dernière solution, nucléaire elle aussi, mais économe en minerai: le surrégénérateur.

L'enveloppe de la chaudière du surrégénérateur est constituée par une cuve d'acier. Au centre, le coeur du réacteur renferme le combustible, ce fameux plutonium, contenu dans de longues aiguilles d'acier inoxydable. Parce qu'il est hautement radioactif, le plutonium se désintègre en projetant des neutrons très lourds, d'où leur qualification de "neutrons rapides". Ils bombardent la "matière fertile" disposée autour du coeur. Cette matière, c'est l'uranium 238 qui, décomposé par le bombardement continu, se transmute en plutonium. L'ensemble produit une chaleur fantastique. A tel point que seul le sodium liquide est capable de la récupérer et de la transmettre à un circuit d'eau qui se transforme en vapeur. Cette vapeur fait tourner les turbines génératrices d'électricité. Les atomistes assurent que l'explosion est impossible, les fuites improbables et les feux de sodium contrôlables.

Le corollaire indispensable de cette technique nouvelle, c'est le retraitement des produits de la fission. En théorie, l'opération est simple: grâce à des solvants chimiques, le plutonium est séparé du déchet d'uranium. Ce plutonium repart alimenter à nouveau le coeur du surrégénérateur. L'uranium reprend sa fonction de matière fertile. Ainsi retraité, le même minerai peut resservir pendant des siècles.

L'Express (27 septembre 1980).

4. LA SOCIETE AU RISQUE DE LA ROBOTISATION

Les progrès technologiques, et notamment ceux de l'électronique, rendent maintenant possible une automatisation très poussée des petites comme des grandes unités de production industrielles. La productivité accrue et la meilleure qualité des produits qu'apporteront télémanipulateurs, robots programmables ou non, ateliers flexibles, permettront aux industriels d'affronter une concurrence internationale de plus en plus vive, issue aussi bien des pays à très bas salaires que de ceux à technologie très avancée.

Le pour et le contre:

Les gouvernements des pays industrialisés ainsi que les industriels eux-mêmes, conscients des conséquences bénéfiques que peut apporter une automatisation accrue, notamment en économisant énergie et matières premières, mettent la robotique à l'ordre du jour. En France, c'est un des thèmes prioritaries du Codis (Comité d'orientation pour le développement des industries stratégiques); M. Valéry Giscard d'Estaing avait d'ailleurs annoncé le 8 décembre 1980, qu'un milliard de francs de prêts bonifiés serait destiné à financer des équipments de robotique. L'industrie automobile frappée de plein fouet par la récession économique et la concurrence japonaise, se lance à fond dans l'utilisation de robots et d'ateliers flexibles: ainsi, Renault en France, General Motors aux Etats-Unis qui a présenté en mars dernier, un programme massif d'automatisation dans lequel il investirait la bagatelle de 200 millions de dollars jusqu'en 1983.

Si tous perçoivent les avantages liés à la robotisation des processus industriels, peu néanmoins ont prévu une politique globale dans ce domaine, notamment au niveau de l'emploi, ce qui risque, ainsi que le souligne une étude ouest-allemande, de créer des conflits entre les divers partenaires sociaux et de freiner les avantages procurés par l'automatisation. Un robot évolué pouvant, selon certaines estimations, remplacer dix ouvriers, il est prévisible que son introduction massive se traduira par des répercussions importantes sur le nombre et le contenu des emplois ainsi que sur l'organisation du travail.

L'automatisation n'est pas un concept récent puisqu'elle a vu le jour dans l'industrie dès les années 60, essentiellement dans les industries dites de "process", grands complexes où la production est automatisée en continu et surveillée à partir d'une salle de contrôle (raffineries, usines chimiques et petrochimiques, unités de production de verre, d'acier, de pâte à papier, d'électricité). Un autre type d'industries, appelées séquentielles, utilise l'automatisation seulement d'une manière discontinue et partielle. Il faut donc maintenant accentuer l'automatisation là où elle existe déjà, et l'introduire là, où elle est encore absente. Or, l'informatique, l'électronique, et la miniaturisation des composants permettent dès à présent de réaliser des automates qui s'autorégulent et des petites unités de production capables de s'adapter avec souplesse aux nouvelles exigences du marché, et donc, d'être utilisées par les petites industries.

Face à ces nouveaux outils plus performants et plus "intelligents", le personnel de production—ouvriers et agents de maîtrise—n'a pas les mêmes rapports avec l'outillage qu'auparavant, et n'exerce pas les mêmes tâches. Ces modifications ont été analysées par l'Agence nationale pour l'amélioration des conditions de travail (Anact) dans un petit document intitulé "l'automatisation industrielle et ses conséquences sur le travail human".

Christine Galus, *Informatique et Gestion,* No. 125 (juin 1981).

5. LA HI-FI EN VOITURE: MYTHE OU REALITE?

Premier postulat: en voiture la radio est un accessoire. Conséquence: l'objet doit être le plus petit, le plus discret possible. C'est ainsi que les premiers auto-radios, qui ont fait leur apparition dans les années 50, sont déjà coincés dans une petite boîte de quelques décimètres cubes dont ils ne pourront sortir qu'une trentaine d'années plus tard. Dans l'intervalle, ils se seront intéressés à la FM, puis seront devenus polygames avant d'acquérir le droit à la cassette et à la vie en relief, promis par la stéréo. C'est beaucoup pour une si petite boîte et seuls quelques miracles technologiques ont permis une telle accumulation de fonctions en un espace aussi restreint. Même le microprocesseur, celui des calculatrices de poche, a sa place dans ces nouvelles centrales sonores.

Il est malheureusement un problème difficile à résoudre pour un matériel miniaturisé: celui de la puissance. Impossible de faire entrer un ampli stéréo de plusieurs dizaines de watts dans un volume aussi petit. La séparation de corps devient inévitable. D'elle nous vient toute cette génération d'amplis de forte puissance, les "boosters" de 20 à 100 watts. De nombreux modèles trouvent maintenant leur place dans la boîte à gants ou dans le coffre. Leur existence est d'abord motivée par une nuisance que tout automobiliste connaît bien, le bruit. A plus de 120 km/h (mais à moins de 130, évidemment) le meilleur autoradio s'époumone devant le bruit du moteur et celui du vent. Cette inévitable augmentation de puissance s'accompagne d'un changement radical de conception des haut-parleurs. Ils doivent maintenant supporter de cinq à dix fois plus de puissance qu'auparavant. De modèle simple on passe rapidement aux systèmes à deux, trois et jusqu'à cinq voies. L'enceinte haute fidélité n'en a souvent pas tant . . . En complément à ce qui ressemble de plus en plus à une chaine, on trouve souvent le correcteur de tonalité à fréquences multiples: l'égaliseur d'une grande utilité en fonction de l'acoustique très particulière d'une automobile.

Les essais en laboratoire révèlent d'abord une surenchère certaine et géneralisée de la part des constructeurs en ce qui concerne la puissance des boosters. En règle générale, il faut diviser par deux la puissance annoncée pour obtenir la puissance réellement dissipée. Ce détail n'est pas d'une importance secondaire et l'on imagine difficilement un conducteur recevant 100 watts dans chaque oreille dans un espace aussi réduit. Par contre, les autres performances sont souvent dignes de la haute fidélité. Le booster Sanyo, par exemple, débite quelque 50 watts par canal avec un taux de distortion de 0,04% et une bande passante allant de 20 Hz à 50 000 Hz, avec une tolérance de 0,5 dB.

. . . Notre seconde série d'essais a porté sur la qualité d'écoute globale. Ici encore, lorsque l'installation est bien conçue (c'est malheureusement moins simple qu'il n'y paraît), la qualité d'écoute est sans commune mesure avec celle d'un classique auto-radio. Est-ce de la haute fidélité? Il suffit d'un minimum de sens critique pour connaître la réponse. La configuration accoustique du lieu d'écoute et surtout la disposition obligée des haut-parleurs ne permettant pas d'accéder vraiment au paradis de la hi-fi. En revanche, il est indéniable que l'augmentation de la qualité du message sonore et l'importance des possibilités de choix et de corrections procurent à l'automobiliste un plaisir nouveau.

Lars Sonesson, "La Hi-fi en voiture: mythe ou réalité?",
Contact (juin-juillet 1979), p. 5.

6. FARMING AND AGRONOMICAL RESEARCH IN FRANCE

Although French farming is the most productive in the Common Market the country wants to improve its agricultural performance and breed more livestock in order to readjust its trade balance. In fact, France enjoys a 16 billion Francs trade surplus for agricultural and food and drink products—due for the most part to a surplus of milk and cereals—but runs up an annual 3 billion Francs deficit for meat.

To rectify the situation the government has undertaken a two-fold campaign. The first priority will be to encourage farmers to raise more livestock by providing them with a number of incentives like bonuses for calving cows, easier credit and increased sanitary controls on herds. The objective is to make up for the deficit in beef and pork by 1985.

The second part of the campaign, to be carried out in league with the National Agronomical Research Institute (INRA) will be geared to obtaining a more productive and rational farming system.

It became apparent at the French Agricultural Show held in Paris earlier this year that France's farming community is increasingly aware of the necessity to conciliate the needs of the economy with the environment. Among the measures that have been proposed to achieve this balance are:

- generalized use of "land maps",
- the setting up of regional weather forecasting units, to improve the use of fertilizers,
- the introduction of fertilizer codes, along the lines of the ones already distributed in nine French departments.

In the wake of the recent reforms within the INRA, the organization has committed itself to two fresh targets. These are to improve agricultural, food and drink yield through new technology, and to halt the decline in the incomes of French farmers resulting from a stagnation in production-level prices and a fast rise in the cost of material needed for farming.

By conducting research on new, high-yield cereals, exploring the prospect of growing lupine—an oleaginous plant that could eventually replace the soja that France has to import at present—and breaking fresh ground in genetic engineering the INRA could play a crucial part in the country's current quest for a "new agriculture".

French Government Information Services (1981).

7. FRANCE: AN EXPORT FLOOD OF LOW-COST TERMINALS

Thanks to a Japanese-inspired government procurement strategy, France's Alcatel-Electronique is preparing to flood U.S. and European markets with hundreds of thousands of small, cheap data terminals. The company, a subsidiary of the giant Compagnie Générale d'Electricité group, is firing up for annual production of 1.5 million units by 1983 with a target price of $100 each.

The basis for the attack is the Apr. 21 choice of Alcatel by the French government postal and telecommunications authority (PTT) to provide the first 300,000 terminals for the PTT's new electronic telephone directory project—apparently the largest home-use terminal order ever placed in the world. A similar project in the U.S.—an electronic Yellow

Pages service offered by American Telephone & Telegraph Co. in Texas—is still in the experimental stages (BW-Apr. 6). The PTT's program is ambitious and daring: to equip each of France's 30 million telephone subscribers with a free terminal by 1992.

By providing a huge home market for the newly developed data terminals, the French government will enable Alcatel to lower its production costs and then invade export markets, especially the U.S., with its cheap terminals. By combining the PTT order for the first 300,000 terminals with existing and impending agreements Alcatel has with U.S. partners, the company says it can already count on customers for at least half a million units.

Low-priced. Alcatel's distribution agreement with Source Telecomputing Corp. of McLean, Va., announced last September, was contingent on the government order. "Without the French contract, we could not have met the price specified in our agreement with Source," explains Alcatel President and Chief Executive Georges Pebereau. PTT's price, for a unit with a 9-in., black-and-white TV-type screen and a full keyboard, is said to be way below anything now on world markets.

Source, bought by Reader's Digest Assn. in December, hopes to sell 250,000 terminals in the U.S. over the next three years—some packaged with its domestic data bank service and some sold in home computer stores.

Economies of scale. In addition, Alcatel is negotiating bulk sales with several U.S. data processing and communications outfits. For European sales, the company is counting mostly on Roneo-Alcatel, a British office equipment maker it acquired last year.

Given the grandeur of the PTT electronic directory program, other French companies are banking on getting a share of future terminal orders to provide economies of scale comparable to Alcatel's. Thomson CSF hopes to include inexpensive terminals for business use in the U.S. through its joint venture with Continental Telephone Corp., of Atlanta.

Perebeau does not expect Alcatel to be alone out in front for long, although he sees the most serious competition for home terminals stemming not from French but from Japanese manufacturers. Even though no Japanese companies yet make such small terminals, several are confident they could make them cheaply if they get mass orders. Says a spokesman at Matsushita Electric Industrial Co.: "We will have no problem producing such terminals—maybe cheaper—if we are given a chance".

Business Week (May 11, 1981).

8. BIRTH CONTROL: 4-DAY PILL

Paris, April 19—A new birth control pill which women could take for four days at the end of each monthly cycle, instead of for three weeks as at present, has been devised by a leading French biochemist.

Prof. Etienne-Emile Baulieu* announced his device, and the results of preliminary tests, in his speech of induction today to France's highest scientific body, the Academy of Sciences. Although Dr. Baulieu's work has been closely held, word of it has begun to arouse interest among several leading specialists in the United States and elsewhere.

Dr. Baulieu's invention is a steroid whose effect, he says, is to jam the protein "receptor" through which the cells of the uterus are able to absorb progesterone. Progesterone prepares the uterine cells to accept, lodge and sustain the fertilized ovum.

Taking the steroid in pill form for four days, beginning two days before the expected onset of menstruation, diverts progesterone from the uterine cells. If a fertilized egg has been implanted it is dislodged, producing, according to Professor Baulieu, the bleeding and cramps typical of a natural abortion of less than a month's pregnancy. If there is no pregnancy, the steroid assures a more-or-less normal menstruation, he finds.

In an interview over the weekend at the Bicêtre Hospital, a leading teaching institution whose hormone laboratory he heads, Dr. Baulieu said he believed that his discovery "is a real breakthrough in the control of fertility."

. . . Dr. Baulieu is not noticeably tentative about his conclusions or his hopes, but he acknowledges that a great deal more testing must be done. For one thing, he says, although he sees no sign that the method will produce undesirable side effects and every sign that it will not, only wider testing can confirm this. For another, the exact regulation of dosages to conform with age, physical condition and other factors can only develop with extensive clinical usage.

Interest has been expressed, he said, both by the World Health Organization and by the Population Council at the Rockefeller Foundation. He hopes that once Governmental bodies such as the Food and Drug Administration in the United States certify it as harmless, health and population organizations will supervise studies in how it can best be used.

New York Times (April 20, 1982).

---

*Director of the hormone study laboratory of INSERM—Institut national de la santé et de la recherche médicale.

9. FUTURE PLANS FOR BREEDER DEPLOYMENT IN FRANCE

In 1978, Electricité de France (EDF) commissioned and funded a study of Super Phenix Mark II. The nuclear related portion of the plant (nuclear island) is being designed by Novatome and the balance of the plant by EDF itself, which usually performs the tasks of architect-engineer for all the power plants it builds. The preliminary design should be completed by 1980, and the final design and a firm offer (fixed price except for escalation) should be presented by Novatome and other contractors building major components (turbogenerator, electrical equipment, and so on) by 1983.

In fact, there should be two offers, one for a single power station comprising two identical units, and another for two or four identical power stations comprising two identical units each to be built on a reasonable time schedule (starting the construction of a new station every 2 years, for example). The first offer will certainly be more expensive per kilowatt installed than the second, but with a lower risk from the point of view of EDF. The decision to accept one or the other offer and the start of construction will likely take place between 1983 and 1985. Therefore the first unit may start operation around 1990.

Orders for more breeder power units will probably be placed soon after the order for the first Super Phenix Mark II. Forecasts based on utilization of only French-produced plutonium call for breeders with a capacity of 16 to 23 GWe in operation by the year 2000.

Studies of the Super Phenix Mark II have been conducted on the principle that the technical solution and physical dimensions should be as close to those of Super Phenix Mark I as possible. However, some increases in total power to 1500 MWe should be achieved by better assessing the design margin in Super Phenix Mark I and eventually suppressing some bottlenecks. In addition, it should be possible to minimize the capital cost per kilowatt by using the experience in construction and components testing gained with Phenix and Super Phenix Mark I.

How breeder development will proceed in France will depend strongly on three factors: (i) operating experience with Phenix and Super Phenix Mark I, which is scheduled to run at full power in 1983: (ii) capital cost of the Super Phenix Mark II, which will depend on the result of the studies mentioned above and should be compared with the cost of an LWR after necessary corrections for the first-of-a-kind plant: and (iii) the cost and certainty of the cost of the LMFBR's fuel cycle.

Regarding the last point, besides the TOR project mentioned above, there is a plan to start operating a large reprocessing plant for fast breeder fuels in 1989. This plant is to have the capacity to process at least

the fuel from the Super Phenix Mark I and two Super Phenix Mark II's.
Of course, in due time there will be a need for a larger fuel fabrication
plant than the one at Cadarache (20 tons of uranium and plutonium per
year).

Science, No. 208 (April 1980).

10.   FRANCE'S FAST TRAIN: THE TGV

As *New Scientist* was revealing that British Rail's Advanced Passenger Train is in deep trouble ("This Week", 12 March, p. 659), French
railway engineers were doubtless celebrating the new world record recently achieved by their own new train—the Transport Grande Vitesse.
They "tuned" an experimental version of the train to run at almost 380
kilometres/hour (about 235 miles/h).

The new train is due to enter service in September. On its regular
runs, it will reach speeds of 260 km/h, cutting the four-hour journey
from Paris to Lyons to only two hours.

The French avoided the problems that have plagued British Rail's
revolutionary "tilt" mechanism on its Advanced Passenger Train by con-
centrating on the track, rather than the train. Instead of building tilting
trains to run on curved tracks (with a radius of 4 kilometres instead of
800 metres), they laid a new line from Paris to Lyons with gentler bends.
The existing line could not cope with demand anyway.

Each Transport Grande Vitesse will be made up of eight carriages
slung over shared bogies—one pair of axles between two carriages. This
saves money, improves the train's aerodynamics and makes the ride
more comfortable.

The record-breaking train was most definitely not a production
model. Engineers tweaked its performance by increasing the voltage of
its electricity supply, modifying the pantograph that picks up the supply
so that it is pressed more firmly against the overhead power lines, and increasing the diameter of the wheels by 10 centimetres. The special train
also had only five carriages, so it was considerably lighter than the eight-
coach production trains.

New Scientist 89 (March 19, 1981).

As it roared down a new railway line between Paris and south-east
France last February 26, its colors merging in a blur of orange and blue,
France's high speed train—called the TGV after its initials in French—

shattered the world's speed record for trains by hitting a peak 380 kilometers per hour ... or no less than 106 metres per second.

The train did it with a minimum of vibration and noise inside the driver's brown cabin, a compartment decked out with steeply-inclined windows and an ultra modern control panel, because the aerodynamic nose of the locomotive had been designed by computer to slice through air resistance like a knife.

Never before had a land vehicle of such weight and size travelled faster. The French Railway System (SNCF) poured every ounce of its technology into making the TGV a practical and safe proposition: keeping noise and pollution to a minimum, the beautifully-suspended TGV is light enough to allow for a 30% cutback on fuel compared to conventional trains.

The train is expected to revolutionize rail travel between Paris and south east France. Starting from September 27, passengers will be able to ride from the French capital to Lyons in just 2 hours 40 minutes.

In building a reliable, high speed train the French rail industry not only hopes to compete with the airlines but also to rustle up new orders abroad. To be sure, the industry's immediate future does not appear all that promising because its top domestic customers—the SNCF and the Paris metro system—have bought all the rolling stock they need for the present. Consequently, the industry must start exporting in a big way if it hopes to thrive. The TGV, though expensive, may find a good number of customers overseas because the United States, Brazil and South Korea are all planning to introduce high speed train systems.

French Government Information Services (1981).

VOCABULARY

The translations are those relevant to the text and not necessarily the usual meanings.

Students are strongly urged to use a variety of dictionaries and to become familiar with what is available in the field. A list of relevant dictionaries is appended.

French-English

accéder à	to have access to
achevé	consummate
actif	working
actifs (m.pl.)	assets
administrations (f.pl.)	government departments
s'affranchir	to free oneself, to liberate oneself
agent (m.) de maîtrise	technical supervisor
aiguille (f.)	rod
alimenter	to fuel
aménager	to improve, to develop
amorce (f.)	beginning
anxieux	anxious, wary
apprécier	to evaluate, to estimate
approvisonnement (m.)	supply
arrêté (m.)	edict, decree
assiduité (m.)	perseverance
atelier (m.) flexible	rotating workshop
atlantiste	pro-American
atout (m.)	attraction
avoir (m.)	holdings
balance (f.) commerciale	balance of trade
bande (f.) passante	frequency response
bel et bien	clearly
biens d'investissement (m.pl.)	investment goods
biens immobiliers (m.pl.)	real estate, property
bilan (m.)	balance sheet, summary of events
brancher	to plug in, to attach
cadre (m.)	scope, framework, executive, manager
capital propre (m.)	net worth
capteur (m.)	sensor
cellule (f.)	center
centrale (f.)	power station, power plant
centrale sonore (f.)	hi-fi component system (auto)
change (f.)	exchange
coefficient d'anticipation (m.)	early penalties
collecte (f.)	fund-raising

collectivité (f.)	collectivity, state, nation
combustible (m.)	fuel
comédie (f.)	fiction, imaginary
commercialisable	for sale, marketable
compétence (f.)	power
conjoint(e) (m.f.)	spouse
conjoncturel	immediate, current
contingentement (m.)	quota system, allocation
contribuable (m.f.)	tax payer
couche (f.)	class, stratum, level
crédits (m.pl.)	funds, credits
creux (m.)	hollow, gap
déclaration (f.)	declaration, statement
se défoncer	to burn oneself out, to throw oneself into
dégager	to deduce, to bring out
démarche (f.)	tactic, stratagem
démarrage (m.)	start, opening
dénuement (m.)	impoverishment, lack of money
déqualifié	unskilled
déssaisir	to give up, to hand over
desserrer	to ease
détenir	to hold
dévolu	assigned
distrait	unthinking, careless
données (f.pl.)	data
doter	to endow with, to supply with
écrêtement (m.)	ceiling
s'écrouler	to collapse, to disappear
élaboration (f.)	formulation, development
émaner	to derive from, to emanate
empreinte plantaire (f.)	foot print
enceinte (f.)	speaker
enceintes (f.pl.)	fortifications
enfermer	to block
enveloppe (f.)	envelope, covering
épuisement (m.)	exhaustion, depletion
escarre (m.)	bed sore
éventuel	possible
évolué	advanced, developed
fait divers (m.)	news item, news in brief
fiche (f.)	card
_____ sanitaire de liaison	health record card
filiale (f.)	subsidiary

fonction (f.)	use, function
_____ **publique**	civil service, government service
forfaitaire	obligatory
formation (f.)	training, formation
frissonner	to flutter
fulgurant	striking
gadget (m.)	gadget, gimmick
gestion (f.)	management
gisement (m.)	deposit
glisse (f.)	skiing
global(e)	overall
gros sel (m.)	granular snow
grille (f.) d'analyse	analytic chart
héberger	to lodge
immobiliser	to consider as fixed assets
imprimante (f.)	printer
inculper	to charge, to accuse
indiciaire	index-linked
infraction (f.)	crime, misdemeanor
jongler à l'aise	to play skillfully
jury (m.)	jury, committee of assessors or examiners
laminer	to erode
lecteur (m.) de courbe	graphic analyser
main d'œuvre (f.)	labor force
mal (m.)	evil
_____ **en mal de**	eager for
marché (m.)	market
_____ **foncier**	property market
masse (f.) monétaire	money supply
matière (f.) fertile	enriched uranium
minoré	lesser
mise à niveau (f.)	adjustment rate
mise en valeur (f.)	profitable exploitation
mordre	to encroach upon
nuisance (f.)	waste, pollution, nuisance
en l'occurrence	as it happens
octroyer	to assign, to allocate
s'opérer dans l'huile	to run smoothly
. **ordre du jour (m.)**	agenda

organe (m.)	organ, body
organe d'entrée-sortie (m.)	input-output unit
organigramme (m.)	flow chart, organizational chart
orientation (f.)	direction, guidance
participation (f.)	share
pension de réversion (f.)	survivor beneficiary pension
perquisition (f.)	search
pléthorique	crowded
point d'appui (m.)	pressure point
point de repère (m.)	reference point
politique (f.)	politics, policy
ponctuel	on specified dates, short-term
porter modification	to amend
poudreuse (f.)	powdery snow
préoccupation (f.)	concern, care
présider	to preside over, to govern
prestation (f.)	benefits
prêt bonifié (m.)	guaranteed government loan
prétendre	to claim
prévision (f.)	forecasting, prediction
prévoir	to forecast, to foresee, to provide for
privilégié	special
procès-verbal (m.)	minutes
profit (m.)	profit
projet de déclaration (m.)	draft statement
prolétarisé	menial
propos (m.)	words, remark
provoquer	to provoke, to cause
pyramide des âges (f.)	age spectrum graph
quasiment	as it were
rapporteur (m.)	chairman
recrutement (m.)	recruitment, hiring
régime (m.)	system, diet
relier	to connect, to join
rémunération (f.)	wages
repliement (m.)	retrenchment
reporter	to carry over, to delay
résidu (m.)	waste
resortissant(e) (m.f.)	national
responsable (m.f.)	official, manager
revêtir	to take on, to assume
schéma directeur (m.)	master plan
sédentaire (m.f.)	person in sedentary occupation

sein (m.)	breast
au sein de	in, within
semelle compensée (f.)	wedge heel
service (m.)	service, department
signataire (m.f.)	signatory
souche (f.)	origin, roots
surenchère (f.)	overestimation
surrégénérateur (m.)	breeder reactor
susceptible	able, liable
syndical(e)	union
syndicat (m.)	union
syndiqué	unionized
à terme	future
tolérance (f.)	sensitivity, tolerance
trial (m.)	trailbiking
tutelle (f.)	guardianship
urbanisme (m.)	town planning, urbanism
usine de traitement (f.)	processing plant
utile	useful
en temps utile	at the appropriate time
valoriser	to valorize, to endow with value, to esteem
ventiler	to allocate
voeu (m.)	wish
_____ pieux	platitude
voie (f.)	track, channel
voix (f.)	vote
vouer	to destine, to vow

English-French

absolute	objectif(ve)
accredited	licencié(e)
accrediting agency	organisme (m.) d'autorisation, de license
addict	personne (f.) adonnée à
chronic addict	buveur (m.) invétéré
aerodynamics	pénétration (f.) dans l'air
against	contre, à l'encontre de
agency	organisme (m.), service (m.), organisation (f.)
interdisciplinary agency	organisme (m.) interministériel, service (m.) interdépartemental
agenda	programme (m.), ordre du jour (m.)
ahead	à venir
airbus plane	airbus (m.)

alleged	qu'on lui prête, dont on l'accuse
appointment	nomination (f.), recrutement (m.)
area-studies	études (f.pl.) spécialisées
argue	soutenir
armour	blindés (m.pl.)
armoured	blindé(e)
aspect	position (f.), aspect (m.), rôle (m.)
attack	stratégie (f.) agressive, agressive initiative (f.)
axle	bogie (m.)
backer	commanditaire (m.), partisan (m.)
behavior	comportement (m.)
behavioral scientist	spécialiste (m.) du comportement
benefit	avantage (m.), bien (m.)
birthcontrol	contraceptif(ve)
bitter	dépité(e)
boost	relancer
bottleneck	goulot (m.) d'étranglement
breakthrough	découverte (f.)
breed	produire
breeder	surrégénérateur (m.)
breeder development	développement (m.) de la surrégénération
bulk	important(e), massif(ve)
buoyant	abondant(e), florissant(e)
card	carte
trump card	atout (m.), carte (f.) maîtresse
calve	vêler
calving cow	vache (f.) de reproduction, vache à veau
capital cost	coût (m.) d'investissement
cell	paroi (f.)
chairperson	président (m.), rapporteur (m.)
channel	concentrer
charge	accuser
chatty	où il y a beaucoup de verbiage, où l'on parle
collar	col (m.)
blue collar	ouvrier (m.)
white collar	cadre (m.) moyen
combined architectural features	combiné architectural
commit	attribuer
community	communauté (f.)
disadvantaged community	couche (f.) sociale désavantagée, milieu (m.) désavantagé
commute	trajet (m.) quotidien, transport (m.) journalier
commuter	banlieusard (m.), personne (f.) qui fait la navette
commuter connection network	réseau (m.) de navettes

component	élément (m.)
concerned	en cause
court concerned	tribunal (m.) saisi
confront	s'affronter, rencontrer, se heurter à
connection counter	guichet (m.) de correspondances
consumer durables	biens (m.pl.)
cope	suffire
counter	opposé, à l'encontre de
counter community	contre la société en place
cutthroat	étrangleur (m.)
cycle	cycle (m.) d'exploitation
deadline	date limite (f.)
deal	viser
defeat	défaite (f.)
self-defeating	auto-destructeur(trice)
deficit	déficit (m.), découvert (m.)
deployment	développement (m.)
design margin	marge (f.) de planification
developed	évolué(e), avancé(e)
device	découverte (f.), démarche (f.)
devise	créer, construire, modeler, mettre sur pied
devolution	répartition (f.)
dimension	caractéristique (f.)
physical dimensions	caractéristiques (f.pl.) nucléaires
diversify	multiplier ses options
dominant	prépondérant(e)
doubtless	sans l'ombre d'un doute, serein(ne)
early	de bonne heure, l'aube (f.)
enact	décréter, établir, promulguer
equally	non moins, également
equipment	appareillage (m.), équipement (m.)
eventually	éventuellement
evolve	établir
expert	compétent(e), qualifié(e)
expertly staffed	à personnel (m.) qualifié
face	aspect (m.)
fall behind	se laisser devancer
fire up	viser
flight center	aéro-centre (m.)
fracturing	faille (f.)
fuel	combustible (m.)
gateway	plaque-tournante (f.), port (m.) d'entrée
genetic engineering	génétique (f.), techniques (f.pl.) génétiques

graduate	diplômé
young graduate (of E.N.A.)	jeune énarque (m.), énarque (m.) récemment sorti
grant	crédits (m.pl.), subvention (f.) pécuniaire
grassroots	d'origine (f.) populaire
group	organisation (f.), groupe (m.)
growth machine	mécanisme (m.) de croissance
halftime	mitemps (f.)
hazard	risque (m.)
hereby	par le présent acte
hinterland	arrière pays (m.)
holder	détenteur (m.) (rice) (f.)
home use	à usage (m.) domestique
incentive	avantage (m.), mesure (f.) stimulante, incitation (f.), moyen (m.) d'interesser
fiscal incentive	incitations (f.pl.) fiscales
production incentive	primes (f.pl.) de rendement
income	revenu (m.)
mean gross income	revenu (m.) moyen brut
real income	revenu (m.) propre, réel
indict	condamner
institution	établissement (m.), organisme (m.)
institution of power	institutions établies (f.pl.) organismes du pouvoir (m.pl.)
intend	avoir l'intention de, envisager
intended	destiné(e)
interest group	groupe (m.) à intérêts particuliers
intertwined	combiné (m.), enchevêtré(e)
labour force	main d'œuvre (f.)
leadership	fonctions (f.pl.) de chef d'Etat
legislative	législatif(ve), jurisprudentiel(le)
length	durée (f.), longueur (f.)
level	niveau (m.)
planning level	unité (f.) de planification
ownership level	pourcentage (m.), nombre (m.) de propriétaires
liable	responsable, susceptible de
liability	responsabilité
absolute liability	obligation (f.) inconditionnelle
third party liability	responsabilité civile
lingering	vague
lobby	lobby (m.), groupe (m.) de pression
lower-paid	gens (m.pl.) à bas salaire
lumberjack	bûcheron (m.)
lumberjack shirt	chemise western (f.)

lurk	se dissimuler, se tapir, se cacher
magazine	magazine (m.)
week end magazine	magazine (m.) supplémentaire
manager	cadre (m.)
manufacture	usine (f.), atelier (m.)
manufacturing, light	petite industrie (f.)
mass production	fabrication (f.) en série
mass orders	commandes (f.pl.) massives
mixed-up	complexé(e), névrosé(e)
mock grave	mi-comique, mi-sérieux, ironiquement dramatique
non profit	à but non lucratif
nuclear power	énergie (f.) nucléaire
nuclear powered ship	navire (m.) à propulsion nucléaire
nuclear substance	combustible (m.) nucléaire, produit (m.), déche (m.) radioactif
number one	en tête (f.) de file
occasional	qu'on prend de temps en temps
operating experience	expérience (f.) de l'exploitation
operation	fonctionnement (m.)
start operation	entrer en fonction
operator	exploitant (m.)
option	choix (m.), option (f.)
broad options	grandes lignes (f.pl.)
outweigh	l'emporter sur
over and above	sans tenir compte
overhead power line	catenaire (f.)
overriding	primordial(e)
package program	programme (m.) déterminé
packaged	équipé(e)
passenger carrier	ligne (f.) aérienne
patent	brevet (m.) d'invention
pedigree	origine (f.), source (f.)
planner	économiste (m.), spécialiste (m.) de la planification
planning level	unité (f.), base (f.) de planification, étalon (m.)
plant	usine (f.)
first of a kind plant	prototype (m.)
power plant	centrale (f.)
reprocessing plant	usine (f.) de recyclage
point of view	point (m.) de vue, dire (m.)
policy	politique (f.)
hard line policies	politique (f.) de durcissement
public policy	politique (f.) d'intérêt public
practical	d'usage pratique

predictability	comportement (m.) qu'on attend
prediction	prédiction (f.), conjecture (f.)
press baron	baron (m.) de la presse
procurement	approvisionnement (m.)
produce	déclencher, produire
product	résultat (m.)
production	rendement (m.), production (f.)
production model	rame (f.) de série
production train	rame (f.) de série
protection	couverture (f.)
provide	offrir, fournir
provide an instrument	servir d'organe
provision	stipulation (f.), disposition (f.)
push ones demands	revendiquer ses droits (m.pl.)
quiet	modéré(e), neutre
raid	intrusion (f.), intervention (f.), prise (f.), de contrôle
rally	rassemblement (m.) public, réunion (f.) publique
rape	viol (m.)
gang rape	viol (m.) collectif, à plusieurs, à tour de rôle
receipt	envoi (m.), réception (f.)
regarding	en ce qui a trait à
register	répertorier, classer
regular run	service (m.) normal
restraint	modération (f.), mesure (f.)
reveal	faire état
rolling stock	matériel (m.) roulant
routes	réseau (m.s.) aérien, routes (f.pl.)
run up	accuser
rush	bousculade (f.), ruée (f.)
rustle up	passer, recevoir, obtenir
safer	plus fiable
salute	salut (m.), salutations (f.pl.)
take the salute	passer les troupes en revue
savings	économies (f.pl.)
household savings	épargne (m.) du ménage
screen	faire la sélection
send	envoyer
send soaring	aggraver, faire monter
set	organiser, préparer, imaginer, établir
set a tradition	établir une tradition (f.)
shaken	ébranlé(e)
shared bogies	bogies (m.pl.) articulés
shock wave	remou (m.), tourbillon (m.)

show	salon (m.), foire (f.)
baby show	concours (m.) de bébé beauté
sign a pact	s'engager
sign into law	passer, voter une loi
slung over	posé(e)
spatial	géographique
spirits	spiritueux (m.), liqueur (f.) à base d'alcool
spread	long reportage (m.)
stagger	étaler
stalwart	robuste, bien carré(e), bien bâti(e)
state machine	système (m.) gouvernemental
steely eyed	intransigeant, inflexible
stockbuilding	augmentation (f.) des stocks
strain	race (f.), trait (m.), inhérente qualité (f.)
stupor	abrutissement (m.)
subpart	catégorie (f.)
substance	résidu (m.), déchet (m.)
subsistence	frais (m.pl.) généraux
subsistence peasant farm	ferme (f.) autonome, autarcique, exploitation familiale
supplier	fournisseur (m.)
supply	approvisionnement (m.), produit (m.)
surplus	excédentaire
sway	souveraineté (f.)
sweep	balayer
clean sweep	purge (f.)
tangled	embrouillé(e), compliqué(e)
tempering	ralentissement (m)
thrash out	disséminer, y jeter
tilt	à caisse (f.) inclinable
train	matériel (m.) roulant, rame (f.)
transfer	virement (m.), avantage (m.)
trend	direction (f.), tendance (f.)
upward trend	courbe (f.) ascendante
tough	casseur (m.)
truculent	radical
turn	adapter, modifier
turn aside	retourner, changer de face, être à double envers
turn out	venir
turning against	refus (m.) délibéré de, position (f.) contre, opposition
tweak	doper
underpriviledged	désavantagé(e)
unlike	contrairement, à la différence de
usher in	annoncer, marquer le point de départ

vanguard	tête (f.) d'avant garde
vehicle	engin (m.)
vest	investir
vest in	être dévolu à quelqu'un
weekender	celui qui va passer le week-end
wish away	écarter, se volatiliser, souhaiter qu'ils disparaissent
would-be	possible, futur
yield	produire, obtenir
high yield	à grand rendement

APPENDIX
Recommended Dictionaries

General

Collin, Peter et al. (eds.). *Harraps New Collegiate French and English Dictionary.* London: Harrap & Skokie, Ill.: National Textbook, 1981.

Collins Robert French-English, English-French Dictionary. Paris: Robert, 1983.

Mansion, J. & Ledésert, R.P.L. & M. (eds.). *Harraps New Standard Dictionary. French-English. English-French.* 4 vols. London: Harrap & Skokie, Ill.: National Textbook, 1982.

Moskowitz, D. & Pheby, J. (eds.). *The Oxford Duden Pictorial French-English Dictionary.* Oxford: Clarendon Press & New York: Oxford University Press, 1983.

Le Petit Robert. Dictionnaire Alphabétique et Analogique de la Langue Française. Paris: Littré le Robert, 1979.

Petit Larousse en Couleurs. Paris: Larousse, 1980.

Synonym

Bénac, Henri. *Dictionnaire des Synonymes.* Paris: Hachette, 1981.

Bertaud de Chazeau, Henri. *Dictionnaire des Synonymes.* Paris: Littré le Robert, 1979.

Acronym

De Sola, Ralph. *Abbreviations Dictionary: Abbreviations, Acronyms, etc.* New York: Elsevier, 1981.

Dubois, Michel. *French and International Acronyms and Initialisms Dictionary.* New York: Marlin, 1977.

Rongus, Oleg. *Dictionnaire International des Sigles.* 2 vols. Paris: Rongus, 1973, 1980.

Slang

Dubois, Marguerite Marie. *Dictionnaire de Locutions, Français-Anglais.* Paris: Larousse, 1973.

126

Gerber, Barbara & Strorzer, Gerald. *Dictionary of Modern French Idioms*. 2 vols. New York: Garland, 1977.

Marks, Joseph. *Harraps French-English Dictionary of Slang and Colloquialisms*. Paris: Bordas & London: Harrap, 1975.

Commercial

Anderla, Georges. *Delmas Dictionnaire des Affaires, Anglais-Français, Français-Anglais*. Paris: Delmas & London: Harrap, 1972.

De Renty, Ivan. *Lexique Quadrilingue des Affaires*. Paris: Hachette, 1977.

Kettridge, J. *French-English and English-French Dictionary of Commercial and Financial Terms, Phrases and Practices*. London: Routledge & Kegan Paul, 1973.

Laurendeau, Françoise. *Harraps French and English Business Dictionary*. London: Harrap, 1981.

Péron, Michel & Withnell, William. *Dictionnaire des Affaires. Français-Anglais, Anglais-Français*. Paris: Larousse, 1968.

Other Specialized Areas

Camille, Claude & Dehaine, Michel. *Harraps English-French Dictionary of Data Processing*. London: Harrap, 1976.

Doucet, Michel. *Dictionnaire Juridique et Economique. Français-Anglais, Anglais-Français*. Paris: Maison Dictionnaire, 1979.

Fisher, Renée. *Dictionnaire Informatique: Anglais-Français*. Paris: Eyrolles, 1983.

Gautier, Marcel. *La Correspondance Hôtelière en 5 Langues*. Paris: Eyrolles, 1981.

Ginguay, Michel. *Dictionnaire D'Informatique, Français-Anglais, Anglais-Français*. 2 vols. Paris: Masson, 1983, 84.

Glomot, Sylvain & Salen, Henri. *Dictionnaire de la Publicité et du Marketing. Anglais-Français, Français-Anglais*. Paris: Maison Dictionnaire, 1979.

Kettridge, J. *French-English and English-French Dictionary of Technical Terms and Phrases.* 2 vols. London: Routledge & Kegan Paul, 1970.

Lexique Risque Assurance Réassurances. Français-Anglais-Américain. Paris: Berger Levrault, 1981.

For a comprehensive listing of available dictionaries, see Emanuel Molho, *The Dictionary Catalogue.* New York: French & Spanish Book Corporation, 1980.